光尘
LUXOPUS

GRANDPARENTING GRANDCHILDREN:
New knowledge and know-how for grandparenting the under 5s

隔代养育

[澳] 简·威廉姆斯 JANE WILLIAMS 著
[澳] 泰莎·格里格 TESSA GRIGG 著
夏健鑫 译

北京联合出版公司
Beijing United Publishing Co.,Ltd.

图书在版编目（CIP）数据

隔代养育/（澳）简·威廉姆斯，（澳）泰莎·格里格著．夏健鑫译．－－北京：北京联合出版公司，2023.2（2023.8重印）

ISBN 978-7-5596-6516-4

Ⅰ.①隔… Ⅱ.①简… ②泰… ③夏… Ⅲ.①家庭教育—通俗读物 Ⅳ.① G78

中国版本图书馆 CIP 数据核字（2022）第 201559 号

北京市版权局著作权合同登记号　图字：01-2022-0433 号

Grandparenting Grandchildren: New knowledge and know-how for grandparenting the under 5s
Text Copyright ©JANE WILLIAMS & TESSA GRIGG and Exisle Publishing Ltd; 及由北京光尘文化传播有限公司与企鹅兰登（北京）文化发展有限公司 Penguin Random House (Beijing) Culture Development Co., Ltd. 合作出版。
All rights reserved.

"企鹅"及其相关标识是企鹅图书有限公司已经注册或尚未注册的商标。
未经允许，不得擅用。
封底凡无企鹅防伪标识者均属未经授权之非法版本。

隔代养育

著　　者：［澳］简·威廉姆斯　　［澳］泰莎·格里格
译　　者：夏健鑫
出 品 人：赵红仕
策划编辑：冯婧姮
责任编辑：周　杨
营销编辑：王文乐
装帧设计：page 11
出版统筹：慕云五　马海宽

北京联合出版公司出版
（北京市西城区德外大街 83 号楼 9 层　100088）
北京联合天畅文化传播公司发行
北京中科印刷有限公司印刷　新华书店经销
字数 120 千字　880 毫米 ×1230 毫米　1/32　6.75 印张
2023 年 2 月第 1 版　2023 年 8 月第 4 次印刷
ISBN 978-7-5596-6516-4
定价：52.00 元

版权所有，侵权必究
未经书面许可，不得以任何方式转载、复制、翻印本书部分或全部内容。
本书若有质量问题，请与本公司图书销售中心联系调换。电话：（010）64258472-800

目录

I 前言
VII 隔代养育意味着什么

第一章 儿童早期发展新研究

002 儿童早期发展的最新研究成果
011 运动与大脑发育
016 重复与练习的重要性
017 小结

第二章 不要"圈养",要"放养"

021 发展动作技能的重要性
022 动作技能发展如何为学习赋能
026 动作技能发展时间表
026 原始反射和婴儿的移动方式
032 学步儿
036 学龄前儿童
043 小结

第三章　如何支持和培养良好行为

- 046　情绪发展与大脑
- 048　调节行为、动机和基因所发挥的作用
- 052　动作发展、情绪发展、动机和适应力
- 055　笑
- 057　孩子们是否正在遭受行为问题的困扰
- 061　支持和培养良好行为的策略
- 068　小结

第四章　肠道与大脑——杜绝垃圾食品

- 070　肠道和大脑
- 074　肠道渗漏
- 074　可能引起肠胃和大脑问题的食物
- 075　环境中的化学物质
- 076　天然食品中的化学物质
- 077　食品添加剂：香料、色素和防腐剂
- 079　如何促进孩子的肠道健康
- 083　小结

第五章　孩子和你都要睡好

- 086　为什么睡眠有益于大脑和身体

089	婴幼儿需要睡多久
089	像婴儿一样入睡
092	睡眠、行为与学习
095	睡眠不良
097	梦和梦中的"怪兽"
100	尿床

第六章　做一个远离科技的"原始娃"

106	言语、语言与交际
108	语言和言语能力
110	多语种儿童
111	交际与对话
113	阅读
116	电子玩具与屏幕
118	做游戏与沟通、言语和语言技能的发展

第七章　听音乐、唱歌和跳舞

131	孕期与音乐
133	自己演唱才是最好的
134	保持节奏
136	和孩子一起唱歌

138　为即将出生的孩子准备音乐
144　小结

第八章　点亮好奇心，激发想象力与创造力

145　好奇心
148　想象力、视觉化和创造力
152　激发好奇心和想象力
153　户外活动
155　抽象思维
156　想象游戏与创造性活动
163　外出参观
165　小结

第九章　买礼物

169　小孩出生前或出生后不久，祖父母该买什么
172　给新生儿的礼物
175　给5～11个月孩子的礼物
179　给2岁以下幼儿的礼物
184　给2岁孩子的礼物
187　给3～5岁孩子的礼物
192　小结

前言

欢迎来到隔代养育的世界！本书是为需要再次承担起养育职责，照顾孙子、孙女的你而创作的。你或许每周都要花几个小时或者更久的时间来照看孙子、孙女，而他们的父母则要兼顾工作和日常事务。无论你照顾孙辈的时间是长是短，我们都希望能帮助你实现对他们最理想的照顾，同时享受与孩子们相处的美好时光。

值得一提的是，如果你想要采纳本书中的一些建议，那我们强烈建议你与孩子们的父母，也就是你的孩子分享这本书，并征求他们的同意。在抚养孙辈的过程中，处理好与子女的关系十分重要。抚养孩子的观点与方法不一而足，如果你或者孩子的父母不愿意让孩子在床上蹦跳、进行户外拓展、在家里大声地播放音乐，或者他们不愿意放手让你制定一些日常生活的准则，那你最好把本书放在一边，去找一本你们都能接受的；或者就本书中的建议哪些是可以采用的、哪些是不可以采用的达成一致。无论如何，我们都希望你能喜欢这本书，并从中找到一些感兴趣的点，了解新知识与新活动，从而在照顾孙辈的过程中感受欢乐与关爱。

关于简

我是一个酷爱读书的人，也喜欢去了解一些作者的生平，这里也有一份关于我的简介。我是3个孩子的母亲，也是5个小家伙（4个男孩和1个女孩，我作此书时他们都还不到6岁）的祖母。我在儿童早期发展领域研究了40多年，非常清楚现在有越来越多的祖父母抽出时间来帮忙照顾他们的孙辈。尽管我们都有养育自己孩子的经验，但我认为，补充一些有关儿童早期发展的知识是非常有必要的，这些知识能让我们在照顾孙辈时不仅充满信心，而且得心应手。

就我个人而言，我成年后一直与儿童和家庭打交道，起初是作为儿科护士，后来逐渐涉足学术界。我读博士期间的研究始终关注那些具体的案例，即那些直到上学后才被发现患有发育障碍的儿童的案例，这些案例让我意识到在日常生活中我们应该密切关注家长的担忧。亲亲袋鼠早教中心是一个针对婴幼儿及学龄儿童的亲子教育和活动机构，我在其中担任了多年的研究和教育总经理，为成千上万个家庭开发培训项目、准备教育材料，并撰写关于儿童发展的文章。当然，我不能夸口书中的内容皆出自一己之力，因为其实我是站在过去和现在的巨人的肩膀上的。我的母亲玛格丽特·萨瑟就是这样一位巨人，她也是亲亲袋鼠早教中心的创始人。作为先驱者，她在许多方面都领先于时代。如果她还活着，她一定非常高兴可以见到自己一直坚信的理念得到证实，即儿童的早期运动机会与后来的学习密切相关。除我母亲外，我们还借鉴了一些其他先驱的工作成果。

我承认，我对早期运动机会在儿童以后的发展和学习中的作用非常重视。有效的运动不仅能够让孩子避免肥胖，保持身体健康，而且它是组装大脑这一引擎所必需的关键组件，能够促进儿童全面健康发展，培育良好的学习能力并助其享受校园生活。但是，为了让运动充分发挥作用，大脑还需要其他关键的经验，包括安全、关爱、及时回应的关系、较小的压力、良好的饮食、少接触有害的化学物质，以及充足的高质量睡眠。音乐与运动的结合也格外有效，有助于培育反应灵敏、能够快速恢复活力的大脑。在本书中，既有对这些方面的研究概述，也有许多帮助落实的方法。尽情享受你的隔代养育之旅吧！

关于泰莎

和简一样，我的工作也一直在与儿童打交道，我们的不同之处在于：我是一名教师。在上学第一天，我就喜欢上了我的第一位老师——奈尔夫人。回到家后，过于兴奋的我把可怜的弟弟和几只泰迪熊拉来充当学生，扮演起了他们的老师。尽管我只在传统的小学教了一年书，但我对教学的热情丝毫未减。那段经历奠定了我未来的职业发展之路——毕生致力于教育工作。后来，又有3个人影响了我的职业道路。第一个是普鲁·克纳汉，她在师范学院体育教育专业教授感觉运动课程。普鲁具有远见卓识，当她提出运动和学习间存在联系时，许多讲师都认为这是无稽之谈。但对我而言，这似乎是我听到过的最合理的理论，我自然就深信不疑了。完成教师培训后，我在所有教学中都遵循了基于运动的原理，受众包含从学龄前儿童到成年学生。

20世纪90年代中期，我在新西兰的克赖斯特彻奇获得了亲亲袋鼠早教中心的特许经营权。我非常高兴，我终于可以将我的运动教学法与我的另一个爱好——音乐相结合。事实上，为我的课程提供各种各样的音乐是一大挑战，因为我只会吉他的三和弦，而速度适中、歌词合适的歌曲并不多。作为拓路者，我一直认为如果没有现成的，那就自己动手做吧，于是我开始与音乐家兼演奏者布莱恩·林罗斯（影响我的第二个人)一起创作儿童音乐。我们成了商业伙伴,泰莎罗斯音乐(Tessarose)也应运而生。在我们合作的28年里,一共录制了700首儿童歌曲,卖出了超过30万张磁带和激光唱片。遗憾的是,布莱恩于2017年去世,但我们的音乐在数字时代得以延续,现在已在Spotify等许多平台上架。

第三位影响我的人是简·威廉姆斯,我在亲亲袋鼠早教中心认识了她。她那令人赞叹的广博知识和与人交往的技巧深深吸引了我。在我首次参加公司会议时,她关于原始反射的演讲似乎点亮了我脑内所有的细胞。和普鲁的课程一样,我意识到这将改变我的一生。我把原始反射整合研究作为我硕士与博士阶段的主要研究课题,这些知识不仅适用于课堂,也能在千家万户中被广泛使用。

我是一个20岁孩子的母亲,我在试验我所知道的理论时,发现我的孩子的儿童发展轨迹并不像我所熟知的那样,这很有趣。他似乎遵循一套完全不同的规则,这需要我进行一些深入的学习,而且我很想为我的母亲也准备一本这样的书。当哈利还是个宝宝的时候,我的母亲经常会问:"在现代应该怎样养育宝宝呢?"我相信这本书能让她了解相关的背景知识与最新研究,从而帮助她理解我的育儿方法以及该书与她的育儿方式之间存在的一些紧密联系。我非常感谢多年来有成千上万个家庭愿意让我接触他们的孩子。如果我们对孩子的需求和特质十分敏感的话,就可以从孩子身上学到很多东西。只要我们愿意接受，他们就会告诉我们哪些事对他们而言是不适宜的；只要我们愿意学习，他们就会教给我们很多知识。我发现我的朋友们都是热爱隔代抚养者这一角色的，等到他们再次询问我有关养育孙子、孙女的难题时，我就可以给出完美的答案，并且还能分享许多他们尚不知晓的信息。我也祝愿你们能收获更多的爱，享受愉快的隔代养育生活！

隔代养育意味着什么

在世界各地，有越来越多的祖父母承担着照顾孩子的责任，而孩子的父母则全职工作，以支付节节攀升的抵押贷款、生活成本和养育费用。据澳大利亚统计局报告，30%的澳大利亚家庭每周至少有一部分时间是祖父母在照顾孙子、孙女。在新西兰和美国，25%的5岁以下儿童由祖父母照顾。在中国，隔代养育的比例因地区而异，在34%～70%之间波动，这一比例意味着有3400～7000万中国儿童由祖父母照料。英国在此项调查中比例最高，超过80%的祖父母能定期照看孩子。除此之外，许多祖父母还在赡养他们年迈的父母，他们的父母作为坚韧的一代得享高寿。

祖父母照看小孩的方式多种多样，这一点儿也不奇怪。有的人过于谨慎，不让孩子有任何自己活动的机会，他们为孩子打点好一切，甚至包括那些孩子能够自己做好的事；有的人则过于顺从，把控制权交给小孩子，对他们言听计从，甚至是只有18个月大的孩子；有的人过于担忧，他们不信任孩子，认为孩子在没有密切监督的情况下不应该做任何事情；还有些严厉的人遵循旧习，主张批评和惩罚，而不是给予鼓励。最后，只有那些采取了更加开明的育儿方法的祖父母和孙辈间的气氛更融洽。所谓开明，是指在充满关爱和安全感的基础上，制定并执行稳定的规则。同时，规则要具有一定的灵活性，可以根据需要进行积极的调整。

　　为孙辈充当临时或者兼职父母将面临无尽的挑战。你可能会发现说"不"或者设定限制是很困难的一件事，因为你对孙子、孙女的处境感同身受，或者你觉得宠溺他们也是可以接受的。与父母相处较少的孩子通常会迸发出更强烈的情绪，而这些情绪可能很难"驾驭"。这或许会让你觉得你没有跟上最新的育儿潮流，所以很难与他们进行沟通，了解他们的经历以及理解他们的日常行为。或许你可能觉得自己需要一本有关儿童成长以及如何养育孙辈的"辅导书"，那读这本书就对了！尽管这不是一本隔代养育大全，但对那些想更多地了解孙子、孙女的发展需求以及如何满足这些需求的祖父母来说，无论他们是想更好地照顾孩子，还是只想知道如何为孩子们挑选最合适的生日礼物，这都是一本良好的入门指南。

做一位积极的爷爷或者奶奶往往是富有挑战且颇为辛苦的，但这会让你和孩子都受益匪浅。祖父母可以给予孩子关爱、安定和可预见的未来，与他们构建亲密的关系，并成为年轻而好奇的他们心中的榜样。你可以将丰富的经验与老辣的眼光带入养育过程，为孩子提供更多的支持，避免重蹈第一次育儿的覆辙。照顾孙子、孙女通常会让你感觉更年轻、更有活力、生活更有意义。通过孩子们的眼睛，你能重新认识这个世界。当然，孩子们的关爱和陪伴也会让你青春焕发。你可能会把它当作一次重新育儿的机会，能够采用不同于先前的育儿方法，并在孙辈的全面成长中发挥重要作用。或者你只是希望能和自己的孙子、孙女在一起玩得开心，不受繁忙工作或家庭琐事的束缚。不管出于何种目的，不管如何进行隔代养育，研究表明，那些每周 1~2 天照顾孙子、孙女的老人会更健康、更长寿，但照顾孙辈的同时，也别忘了照顾好自己，量力而行！那些一周 5 天都在照看孩子的老人过得并不如意，所以和孩子的父母坦率地谈一谈也很重要，要向他们表明你想做的，以及你愿意付出的时间。

隔代养育的终极目标是什么

或许你最想做的就是同孙子、孙女建立亲密又愉快的关系，在适当的时候伸出援手，成为让孩子们走向未来的顾问和向导。

虽然许多人羞于说出自己望子成龙、望女成凤的期望，但事实上，每个人都是这样想的！在20世纪80年代末到90年代，任何热衷于幼儿课外活动的人都会被指责是"揠苗助长"，即认为孩子们被逼迫以超出其对社会的接受限度去过早、过于劳累地学习。人们非常担心这些孩子会提前"力竭"，也害怕这种"揠苗助长"式的育儿方法不利于他们长远发展。现今，"虎妈"一词正是用来称呼那些"揠苗助长"的母亲。幸运的是，时代在进步，研究指出，早期机会和经验会为孩子带来终身益处。诚然，在积极活动和休息之间、在结构化和非结构化时间之间需要一种平衡，但确保孩子们获得充足的体验机会，使他们能够在学校及以后的生活中有所成就，已经被视为童年早期健康的一项根本目标，而这一目标的实现离不开父母和祖父母的帮助。

准备好上学了吗

本书的一个关键目标，就是帮助你的孙子、孙女做好学习的准备，做好步入校园、享受校园生活的准备。那些在入学伊始，便做好身体、心理、社会和学业准备的孩子，会感觉学习更容易，并能将学校作为一个有趣的场所去体验。本书所关注的重点，正是有关学习准备的几项关键发展影响因素，祖父母可以通过有趣的游戏和活动来支持和促进每一个孩子的成长。具体来说，包括以下因素：

感官和动作经验。这些经验将为孩子大脑和身体的健康发育打下坚实基础。在生命的最初几年里，孩子的大脑忙于认知哪些信息是重要的，以及学习如何做出适当的反应。每一天，孩子都要学习很多声音、质地、口味、感官和动作经验，这需要大量的时间和练习。孩子还需要很好地控制自己的姿势，保持平衡和协调。孩子做这些技能方面的练习越多，就越有可能在刚开始上学时便做好学习的准备。（详见第二章）

来自生活中重要人物给予的安全感和关爱。这为孩子情绪的稳定奠定了基础，同时也为隔代养育和日常生活提供了一致性、可靠性和可预测性，帮助幼儿学习正确面对日常生活中的磕磕绊绊。具备适当社交和情感技能的孩子更能应对繁忙与嘈杂的教室氛围、进行小组学习，以及理解和听从指示。同时，他们也更具韧性和积极性。坚韧不拔的品质让他们能够从容应对生活和学习中的挑战。而积极向上的孩子即便面对学习难度升级、任务愈发繁重的情况，也能保持学习的热情。（详见第三章）

保持健康饮食，减少与有害化学物质的接触。这样能够保证孩子的身体和大脑以最佳状态运行，充分利用早期生活

经验，保证大脑良好发育，思维清晰，并使情绪和行为反应对应孩子的年龄和发展阶段。（详见第四章）

良好的睡眠。睡眠可以让大脑建立长期记忆并得到休息，为第二天的学习做好准备。良好的休息对健康的情绪反应也很重要。睡得好的孩子更可能积极参与课堂活动和学习，并表现出更强的韧性和更高的积极性。（详见第五章）

交流和定期接触语言和音乐。这为语言、阅读和数学技能的发展提供了基础。在0~5岁阶段，经常阅读、运动，接触不同语言及音乐的儿童更有可能在识字、算术和音乐方面，以及在校园生活中取得成功。（详见第六章和第七章）

探索和试错的机会。这是建立好奇心、激发创造力和内驱力的必要条件，也是享受学习和获得优异成绩的重要因素。（详见第八章）

以上几种因素相互影响，并不独立发挥作用，我们将在后文对它们进行详细的讨论。你会发现书中一再强调相关的运动行为，这是因为如果没有动作经验的参与，大脑就不能正常地发展与清晰地思考。

孩子将如何发展这些技能在很大程度上取决于其早期的生活经验。本书旨在帮助你了解孙辈从出生到5岁的成长过程，并就如何促进其学习和发展提供建议。书中的活动和理念都是通过研究获得的，虽然解释这些研究可能会很复杂（如果不想读的话，可以跳过这些部分），但我们希望这些内容能帮助你理解在幼儿的不同阶段分别该做些什么，并积极落实。

我们还为你提供了一份详尽的清单，帮助你为处于不同年龄和发展阶段的孩子选择礼物。面对商店里琳琅满目的商品，给孙子、孙女挑选一份合适的礼物往往十分困难。对上一辈人而言，或许一套"滚铁环"就够了，但放在今天就完全行不通了。希望你能在我们的清单中选到合适的礼物——既适合孩子，又不超出预算，最好它能让你也觉得满意，让你觉得这是非常有意义的礼物。有一位93岁高龄的木工老人，用木头为他的10个曾孙、曾孙女做了各式各样的玩具，包括木手机、木船、木飞机、木家具、木铅笔盒和木收纳盒等。在我们登门拜访他的时候，稍大些的孩子都在帮他敲打、黏合，他们很喜欢去曾祖父的工作室，而老人面对着一片混乱的场面，依然觉得很享受。

隔代养育的入门指南

无论是否承担隔代养育的任务，祖父母都可以通过一定的方式与自己的子女和孙辈建立长久、健康的关系。在进行隔代养育前，建立基本规则是很重要的，然后再考虑你想为孙辈的成长带来什么帮助。下面的内容将帮你开始这一过程，其中有许多内容将会在后文进行更为详细的说明。

- 明白孩子父母的需求。与他们讨论，明确隔代养育应该发挥的作用。尊重孩子父母的育儿决定，因为他们才是孩子的监护人。清楚界限，只有在被要求时才给出自己的建议，但可以以任何方式来提供帮助。了解孩子父母制定的规则。规则的一致性对孩子来说很重要，因为孩子需要知道行为的规则，确保奖惩有理有据，并能得到切实的施行。

- 采用孩童防护式装修，这样既能保证你的孙子或孙女有探索、移动和体验世界的自由，又无须时刻担心孩子的安全或是家具的损坏。

- 不要总想着送礼物，和孩子们一起做各种各样符合他们年龄的活动，增添成长发育所需的经验与记忆。

- 放慢脚步，让孩子有足够时间感受和表达情绪。在忙碌的环境中要确保他们有安静的时间。对于每天有午睡需求的孩子，要确保他们有一个舒适遮光的睡眠环境。

- 与孩子分享你喜欢做的事，同时关注他们的兴趣，从而了解彼此。

- 带孩子们到户外。如果你家有一个大庭院，将它布置得足够安全，让你的孙子、孙女可以自在地玩乐探索。

花园是建造小房间和"秘密场所"的好地方。
- 去公园、动物园或海滩游玩,积累回忆。在户外散步不仅能提供许多聊天的机会,对缓解紧张和焦虑也很有帮助。随着孩子年龄增长,尝试将书中提供的活动带入他们的游戏中,从而引导他们做个有风度的人,做到公平竞争。
- 做一些新奇的事情,使他们获得与众不同的经验和记忆。
- 讲故事,几乎所有的孩子都喜欢听故事。这对加深彼此之间的亲密关系很有帮助。向孩子们展示生活中除了电视和计算机游戏以外还有很多乐趣,带他们去当地的图书馆借书。
- 注重沟通,注意倾听,鼓励孩子们敞开心扉。把家庭的过往讲给孩子们听,与他们分享他们的父母小时候的趣事。这是营造家庭共享记忆的好方法。
- 如果要照看不止一个孩子,要分配好一对一的时间。例如,在弟弟睡觉的这段时间,不要忙着做家务,把它当作你和哥哥的特别时间。

与孙辈建立起牢固的、充满爱的关系是你永远都不会后悔的事情。帮助孩子参与并享受终身学习,是隔代养育附赠的特殊礼物。在孩子上学之前,祖父母就可以帮助他开始为学习和生活做好准备。在阅读本书的过程中，我们希望你能找到充足的理由与有用的理论来为孙辈提供各种各样的活动，刺激和建立孩子的大脑结构，这不仅能促进孩子身体和情绪的发展，还能让孩子养成敏锐和充满求知欲的性格，乐于探索，热爱学习。这样，孩子在各个阶段都能为学习做好准备，并且从一开始就会觉得学习简单又有趣。这不是很好吗？现在像这样的孩子越来越少了。

第一章

儿童早期发展新研究

你抚养自己的孩子有多久了？20年、30年，还是40年？不管多久，可以肯定的是，过去几十年间，我们见证了有关儿童早期发展的研究在飞速地增长。

在二十世纪八九十年代，就有学者开始关注儿童早期发展中的一些重要问题。例如，为什么发达社会中的孩子表现得不如预期？为什么他们的识字和算术能力没有提高？为什么出现注意力缺陷与多动障碍（俗称"多动症"）及其他问题的孩子越来越多？孩子们的生活中正在上演着怎样的故事？有什么变化是我们不能立即察觉的？我们又能做些什么？时间来到21世纪初，由肖恩科夫和菲利普斯两位教授编撰的《从神经元到成长环境：儿童早期发展的科学》（*From Neurons to Neighbourhoods*）一书出版。这部具有开创性的著作，引发了人们对早期大脑发育对行为和学习如何产生长期影响的广泛关注。尽管学者此前一直在努力发声，但直至该书出版才最终引起了医学界、政界、高等教育界乃至教师及家长们的注意。自此，一系列国际研究拉开序幕，不断丰富我们对儿童早期发展的认知。

儿童早期发展的最新研究成果

本章介绍了目前已知的关于儿童大脑发育的知识，并解释了为何本书中提出的活动和理念对儿童的成长及以后的学习和成功具有重要意义，从而为后续章节的展开做好铺垫。

早期经验为未来的学习和成功奠定基础

很难相信，过去人们在带孩子时，会觉得这一观点十分荒谬。我的母亲玛格丽特·萨瑟是亲亲袋鼠早教中心的创始人。我还记得她曾经跟我讲过，在20世纪80年代末一个有关儿童早期动作经验与在校学习表现之间的联系的会议上，一位老师站起来打断了她的发言并斥责："你简直是在胡说八道，早期大脑发育与学习成绩根本毫不相干！"

现在，我们的认知已经有了极大的提高，知道儿童在0～5岁的生活不仅对大脑基本结构发育和功能健全至关重要，还为其今后的成长和学习奠定了基础。事实上，从宝宝出生前，大脑的发育就为其日后的智力水平、后天的性格塑造、身心健康状况夯实根基。相关研究成果可概括为以下几点：

- 大脑结构事关个人技能的发展和我们一生的生产力。
- 新生儿阶段的大脑结构仍处于逐步完善阶段，尚未完全定型。
- 大脑的绝大部分发育将在0～3岁阶段完成。儿童时期的经历对脑部连接的形成与加强至关重要。
- 人脑具有社会性。健康的社会环境将使思维能力的习得与培养变得更为高效。
- 宜早不宜迟。儿童时期大脑更灵活，学习更容易。虽然大脑能够不断学习新技能和建立新连接，但儿童时期的效果最佳。
- 良好的早期经验是促进大脑结构健康发育、脑内化学物质释放和儿童早期发展的最有效手段。

在过去20年里，基因研究也蓬勃发展起来，这使我们更清楚地认识到了基因和经验对大脑发育影响的重要作用。直到最近，人们还错误地认为基因是不会改变的，认为不管生活经历如何，是基因决定了儿童的发展。他们通常认为先天（基因）胜过后天（环境），所以孩子经历了什么并不重要，基因早已决定一切。这种想法已经被完全推翻了，后成论（epigenesis）告诉我们，即使孩子们对某些特征有遗传倾向，他们生命早期的经历也会改变这些基因的生效方式，改变"基因表达"。这是一个重要的发现，人们再也不能把"他爸妈就是那样的"（也就是说，这是一种遗传的特质，我们无力改变）作为孩子在某一方面"与众不同"的借口了。

不过风险也由此产生。具有健康遗传潜能的儿童可能会因暴露在不太理想的环境中而受到负面影响，譬如机械性地重复、高压力状况、营养匮乏、接触塑料中存在的化学物质和环境毒素（例如母亲在怀孕期间可能摄入某些药物、加工食品中的化学物质、严重环境污染中的有害物质或重金属），这些都可能引起基因的选择性表达，甚至不表达。这种变化可能是暂时的，也可能是永久性的，取决于暴露的时间和程度。虽然其中一些变化可能是不可逆的（例如母亲在生育期间服用了违禁药物），甚至可能传给下一代，但好消息是，通过改变环境，可以将负面影响降至最小。

通过提供有助于构建支持学习和行为的大脑结构的经验，儿童发挥遗传潜力的可能性更大。其中，孩子成长的环境起着关键作用。在积极的、充满关爱的家庭中，儿童可以培育积极的关系，学会关心他人，保证营养均衡，拥有促进学习和记忆发育的机会，并通过早期环境刺激得以成长，最有可能实现潜力的最大化。

大脑内部连接需要经验和机会

大脑发育始于受孕阶段。大脑是在子宫里最早被"构建"的身体部分，因此在母体怀孕 8 周时，胎儿大脑的不同区域已经开始发育并形成连接。当孩子出生时，大脑的基本结构已经发育完善。

横跨不同大脑区域的数十亿个脑细胞（神经元）相互连接，构成了大脑的网状结构。大脑在宝宝出生时就有超过 1000 亿个神经元，其中那些对存活至关重要的神经元是连接在一起且运作良好的。这其中就包括可以使宝宝能够呼吸、心跳、吮吸、眨眼、哭泣、打嗝、吞咽、呕吐和移动的自动反射系统。除此之外，大脑还有部分区域是相互联系的，但还需经验来帮助它们增强彼此之间的联系、进行细微的调整，提高运作的效率，而其他区域则需要接触新的经验，以使它们"启动和连接"。

当你的孙子、孙女接触到大量的生活经验时，连接的神经元数量将迅速增加，大脑结构也将变得更加复杂。在孩子 1 岁时，脑容量会翻一番，新的连接以每秒超过 100 万的速度形成。在个体成年早期，大脑将拥有超过 100 万亿个连接，其中有 90% 是在 5 岁前发育完成的。在 25 岁以前，大脑依然存在着活跃的变化。尽管成年之后形成新连接的速度放缓，但人的大脑在一生中都具有生成神经元、形成新连接的能力。

神经元就像非常细的电缆,在神经元间、大脑和身体间传递电脉冲(信息),反之亦然。每个神经元都被覆盖在叫作髓鞘的脂肪层中,这一保护层可以防止电脉冲失效而无法到达预定的目的地,它就像真正的电缆外皮一样。神经元通过化学方式实现连接(而不是插上电源),再加上电脉冲的辅助,就可以实现人体内闪电般的通信。

0~5岁是人一生中建立神经联系和发展信息传播速度最活跃的时期。在出生时,神经通路可以被看作最基础的土路,与基础设施相连接。随着生活经验的积累,这些缓慢、杂乱无章的小路逐渐转变为高速公路,在大脑—身体以及大脑的不同部位间准确、快速地传输着信息。大脑需要接触大量的经验,才能建立起复杂的神经高速公路,让孩子最终能够进行复杂的思考、掌握精细的动作、形成控制情绪和适应社会的能力。

婴幼儿的大脑对感官(包括触觉、听觉、视觉、味觉、嗅觉、体位和平衡)、说话声和运动感觉的刺激非常敏感。此外,在宝宝出生后的前几个月里,必须给予他关爱、安全感和照顾,这样他才能建立起情绪发展的最佳途径。这段时间通常被称为大脑发育的"关键期"。婴儿的大脑对刺激的反应很灵敏,这使大脑能够建立起长期调节脑部和行为的通路。

有趣的是,从儿童2岁开始,大脑不仅仅建立连接,还执行"整理"功能,通过"修剪",清理未使用的大脑连接。

这一过程可以消除不活跃的神经元，从而提高大脑网络运作的效率。2岁时形成的神经元，将有多达半数在10岁时被清理。这就是为什么与学龄前不学习新语言的儿童相比，接触多种语言的儿童更能在外语学习上达到类似母语的水平，负责语言习得的神经通路被经验"激发和连接"后，并不会被剪除。当然，这并不意味着随着年龄的增长，就无法学习新的语言或技能了，只是在这段时间里，大脑连接现有的通路要更快更容易。

这些新的研究带来了许多好消息。人们不仅更清楚地认识到，生命最初几年的经历对终身学习、收入和健康都至关重要；同时也了解到，婴幼儿的大脑反应灵敏，患有先天神经障碍的孩子的大脑可以实现自我重组，以便用另一个部分来替代失效的部分。重要的是，大脑必须有机会进行这些改变。虽然在婴儿早期，父母和祖父母有机会影响孩子的大脑结构和功能设计，但如果因为疾病、早熟、药物接触、酒精或过多压力等因素，使得孩子错失了某些基础经验，大脑改变的时机就会被延缓；旧有的神经网络要改变，新的网络要生成，就需要更多的时间和精力。不过，尽管难度会有所增加，改变还是可以做到的。

发育是分阶段的

经过数百万年的进化，人类的大脑被精心设计成一个复杂的系统，这个复杂的系统使我们能够生存和繁衍至今。为了适应直立姿势、文化和语言复杂性的提升、饮食习惯的改变和对技术原理的探索，大脑形成了一种复杂的结构，能够对所处的环境做出思考和反应。

需要指出的是，大脑的发育是可预测的，它遵循着"自上而下"的顺序建构，其基本结构的发育是持续的，从受孕开始，一直延续到成年。为了确保发育良好和功能正常，位于高层次的大脑必须依赖于低层次的精准、可靠的信息。这意味着处理低级信息的大脑回路必须在处理更复杂信息的网络之前发展起来。这是一个"按部就班"的过程，尽管它们之间存在一些重叠的部分。为了实现最优发展，孩子的经历应该顺应其发展阶段。这一点很重要，绝不能揠苗助长。

表1-1列出了发展技能水平与大脑发展阶段之间的关系，并显示了技能发展是如何在生命的前5年建立起来的。当然，每个孩子都有自己的发展速度，有些孩子会较快地完成这些阶段，而有些则需要更多的时间。有的孩子或许在这一阶段进步很快，但在下一阶段耗时良久。这些都无关紧要，重要的是要确保孩子在每个阶段都打下了良好的基础，循序渐进，这样等到孩子入学或需要迈入更复杂的学习阶段时，大脑的功能和潜力都已经得到了最优开发。

表 1-1 孩子在不同年龄的发展技能水平与大脑发展阶段的关系

年龄（近似值）	关键动作技能	发展水平
0～6个月	• 翻滚 • 头部控制	通过自主反射刺激感官和运动
6～8个月	• 腹部贴地，缓慢爬行	感觉刺激运动
8～14个月	• 攀爬 • 蹑手蹑脚地移动	
12～18个月	• 行走	运动刺激感觉
18～24个月	• 双手悬挂 • 跑步	平衡和姿势得到改善
2岁～2岁半	• 跳跃 • 左右换腿站立，每条腿保持平衡1～2秒	运动有助于加深儿童对自己的身体、空间和时间的理解
2岁半～3岁	• 开始说话 • 惯用手开始发展 • 单腿站立5秒	
	• 眼球运动控制 • 控制眼睛平稳地移过身体中线 • 掌握2～3个单词的短语	动作技能更加复杂和精细；身体左右两侧可以协同或独立工作，会出现惯用手可以越过身体中线

续表

年龄 （近似值）	关键动作技能	发展水平
3～4岁	• 开始形成复杂的运动模式 • 熟练地接球和投掷 • 跳跃 • 熟练地握笔（精细动作控制）	自主运动模式意味着拥有了更高的思维能力，可以提高对指令的完成度，理解时间、空间和方向，构建更复杂的言语模式
4～5岁	• 读写、跳跃、齐步走 • 画一个完整的人（精细动作控制和身体感知） • 完成4～5个连续的指令	思维能力和情感成熟建立在自主运动和对身体发生了什么以及如何应对的理解之上

获得感觉刺激的机会

如果一个孩子在早期没有获得能够促进运动的感觉刺激，或者没有机会去学习和练习基本的运动模式，那么他以后想要更好地思考、理解以及取得好成绩就会变得更加困难。儿童首先应该学习的是翻滚、爬行、蹑手蹑脚地移动、行走、跑步、摆动和双脚跳，然后学习更复杂的动作技能，比如单脚跳、行进和跃障。如果在婴幼儿时期儿童缺乏运动和随后的感觉刺激，更复杂的思维和学习就会受到阻碍。正是这些基础的早期学习机会和经验，帮助孩子发育和完善大脑路径，随着时间的推移，这些路径将构建复杂的大脑结构和自主反应机制，以及进行更复杂学习所需的"内置指导系统"。

在神经元高速公路上传输信息的数量、质量、速度、传播效果、效率，以及大脑对这些信息的解读程度，影响着孩子入学前的准备程度，其中包括应对校园中来自社会、情感、运动及学习方面的挑战，并不是孩子长大了就能自然而然地做好准备，它事关大脑与神经成熟，是早期经验和机会发展的结果。

正是移动让我们拥有了大脑和思考。
——杜伦大学进化生物学家、人类学家
罗伯特·巴顿教授

运动与大脑发育

虽然后文有专门一章用来讲述积极运动与运动发展，但本节还是简要概述了最新的研究，以证明运动对学习的重要性，说明本书对运动重点关注的原因。

人们对运动、大脑发育和学习三者间联系的研究十分广泛，并且有力地证明了早期动作经验将决定大脑连接与功能的好坏。事实上，运动和思维活动在许多方面是相互关联的，生命早期的动作发展是所有社会、情感、认知和身体技能发展的基础，将对儿童产生终身影响。

虽然一个孩子天生就具有生物智能组织（大脑），但只有当他移动和行动、探索和操纵、看到和描述，以及利用世界的内容时，大脑才真正发挥了作用。这是文化智慧的基础和基石。

——杰拉尔德·盖特曼《如何开发儿童智力》

神经科学家和机器人工程师丹尼尔·沃尔伯特博士研究了大脑是如何控制身体的，并认为运动是学习的关键。他认为大脑最重要的功能是学习、改善和控制运动。当运动机会减少时，大脑学习和发挥其潜力的机会也会随之减少。运动是动作技能、思维和学习技能发展的重要组成部分。

运动影响着大脑发育的每个区域——言语、视觉、听觉、触觉及相关反应、姿势控制与协调、情绪稳定性、调节思想和感觉的能力，以及完成复杂思维任务的能力。

不运动，我们就无法学习。学习是在环境的刺激下以一种有来有往的方式进行的。环境中的某些东西会刺激孩子做出动作，以表回应。它能使我们对周围人做出的反应包括面部表情、声音、闭眼或睁大眼睛，与视线缓慢或快速地离开某物等视觉反应、点头、微笑、伸手拥抱、握手、挥手，或只是倾听更多的环境暗示。婴幼儿必须学会如何做出这些反应动作，学习的途径就是基于动作的反馈循环。例如，人际关系、情感联结和依恋感的早期发展就是由于运动反馈循环而产生的，它可以被称为"给予和接受"反应——你微笑着和你的孙子聊天，你的孙子也会笑着和你说话，然后你继续微笑，循环往复。孩子们通过一定动作和他们（从身体、环境或其他人那里）得到的反馈，来进一步发展其行动、思考、理解、洞察和计划能力。然后，他们会受到鼓舞去尝试新的动作，继续这一发育过程。

此外，这种基于动作的"反馈系统"是连接自主性学习和分析型学习的桥梁。在运动时，大脑两侧受到的刺激是不同的，这使大脑能够不断地更新已知信息，并使我们知晓我们能够向外界传递信息与意图。通过这一过程，大脑学会了关注、识别和预测正在发生的、将要发生的和可能发生的事，并做出适当的反应，甚至能够在我们主观意识到某些问题之前就开始行动。这就是我们所追求的功能的最终水平——大脑先发制人的能力，这使我们的运动模式和其他反应自动而迅速地被激活。正如神经生理学家韩纳馥所指出的：

> 我们越是仔细地考虑大脑和身体的相互作用，就越能清楚地看到一个引人注目的主题：运动对学习至关重

要。运动唤醒并激活了我们许多精神能力。运动为我们的神经网络整合并锚定了新的信息和新的经验。运动对我们表达所学、理解和阐释自身的所有行为都至关重要。

研究发现，有早期运动机会的婴幼儿具有更好的协调性，更高的注意力、记忆力、感知能力，更充足的信心，更强大的沟通和社会适应能力。这些能力对于更高水平的学习、更成熟的情绪调节和控制等以思维为基础的挑战任务至关重要。同时，执行力和社交技能的发展，可以使儿童成长为做事高效的成功人士。

动作技能与学习

当大脑和身体在精细的协调中共同运作时，就会产生最佳的发展与学习体验。

这是早期运动经验和随后动作技能发展而产生的结果。动作技能反映了大脑的连接程度。例如，如果一个宝宝学会了爬行，那么可以得知他的自主运动模式已经取代了早期的自发反射运动模式，大脑达到了一定程度的成熟。

运动是所有技能发展的基础，就像是车轮中的轮轴推动车子向前走一样。运动和动作技能的后天发展，使大脑构建起学习的连接。

运动对感觉刺激、情绪反应控制、积极性和适应力、记忆巩固、交流和语言能力、社交技能、身体发育以及分析和复杂思维的能力都至关重要。在童年拥有早期运动经验的儿童，不仅能取得优秀的学业成绩，而且具备出众的运动能力、成熟的社会交际能力、管理能力、创造力和解决问题能力。

动作技能与学习能力或发展属性没有一对一的对应关系。只有动作技能全面发展才能促进学习、行为、身体和社会技能的发展。

同时，人们也发现动作技能差的孩子在学习上的表现更差。他们经常需要非常努力才能跟上课堂的节奏。由于身体和大脑需要付出更大的努力才能跟上课堂的教学节奏，因此他们也更容易感到疲劳。幸运的是，大脑的设计很精妙，它永远不会停止学习，所以尚有弥补的余地。孩子越早接触以发展性运动经验为重点的运动，大脑的发展就越快、越容易。我在研究中也发现，通过定制运动计划，来帮助有学习困难的儿童的动作技能发展，能在身体、行为和学习技能方面为他们带来显著的长期改善。即使是成年人也能用这种方式帮助自己慢慢提高学习能力。我认识一位 82 岁的女士，她参加了一个提高协调和平衡能力的锻炼课程。一年后，她开始上舞蹈课，曼妙的舞姿使那些年轻得多的舞伴都为之倾倒。

重复与练习的重要性

动作发展不是某一种动作技能学习的结果，而是随着时间的推移，增加学习、练习和改进新动作技能的机会，从而对身体和大脑协同工作的能力产生全面影响。通过把握机会和进行实践，循序渐进，掌握每个发展阶段动作技能的孩子，会比没有掌握某些关键阶段动作技能的孩子学习起来更轻松。例如，一个在上学之初即能做到自由、轻松、自主地跳跃的孩子，往往会比那些进入学校后才学习跳跃的孩子觉得学习更为轻松。这是因为大脑的自动反应已经固定了下来，而对于那些不得不一步步学习跳跃的孩子来说，这种自动反应多半是不存在的。

因此，重复和练习是动作技能发展的重要组成部分。婴幼儿需要数百小时才能在大脑中建立快速高效的神经通路。不断重复，积累动作经验，可以使大脑有序发展，因此，我们要确保孩子在进入下一个发展阶段、学习更难的技能之前，每一个阶段的练习都是稳固且到位的。

所以，放手让孩子们爬来爬去吧！让正在学习走路的孩子跑跑跳跳，带学龄前的儿童骑自行车、跳绳、单脚跳。孩子们需要长时间的练习来提高他们的技能，让大脑通路牢固地连接起来，构建超快的神经网络。每周一次的运动收效甚微，只有每天练习，提高动作技能，才能真正促进大脑发育。在第二章，我们为孩子们提供了许多关于运动的好点子。

小结

发育中的大脑需要刺激才能连接和成熟。刺激以运动的形式出现，它能够刺激感觉系统，并触发神经网络的级联效应。运动是学习的关键，也是我们做一切事情的基础。当运动机会减少时，大脑学习和发挥其潜在能力的机会也会减少。早期探索性的运动模式将影响大脑内部的连接方式，因此，从孩子出生乃至母亲受孕时开始，运动就非常重要。

确保婴幼儿从出生起就拥有对应不同阶段的、适当的运动机会，可以促进大脑的连接、大脑功能的发展以及智力提高。孩子们需要大量的机会和时间来练习并完善动作技能，这需要长期、积极地保持运动。你准备好让孩子运动了吗？

第二章

不要"圈养",要"放养"

运动是健康成长和学习的关键。本章详细说明了为什么你需要多和孩子一起运动。

孩子们需要积极运动才能保持健康,这并不奇怪。事实上,大多数主管幼儿教育的政府机构都建议,5岁以下的儿童每天至少要有3~5小时的运动时间。老实说,这听起来让人感觉有些累,而且在祖父母照顾孩子的情况下是几乎不可能实现的!如今大多数人都住在狭小的街区,挤在公寓、联排别墅或活动空间有限的单元房里,想要活动就变得更加困难。我们这一辈童年时期熟悉的院子很快就要消失了,所以我们不得不"找个地方",让孩子们可以在户外自由活动和玩耍。

电子产品的出现进一步加剧了这一挑战。在发达国家,高达98%的家庭至少有一台移动数字设备，5岁以下的幼儿每天要玩1~2小时。尽管负责儿童健康的机构建议2岁以下的儿童不要观看屏幕，然而报道显示，这一年龄段的孩子越来越沉迷于屏幕，一旦家长阻止，孩子便会出现严重的失控行为。这不仅会使亲子关系变得紧张，还会大大减少孩子积极运动的时间。照顾年幼孩子的成年人有责任控制并减少孩子健康发展的潜在危害，最好的办法就是禁止或限制孩子观看屏幕，让他们动起来！

有一点很重要，那就是我们要区分孩子积极地游戏和运动学习。虽然一般的体育活动和玩耍对孩子的健康也很有好处，但我们要确保孩子有机会培养适合每个发展阶段的动作技能，这对孩子早期的全面发展、情绪控制和学习至关重要。最重要的是，动作技能发展不是竞赛。如果你的孩子在运动方面发育得有点儿迟缓，也没关系，重要的是他做了什么。如第一章所述，孩子的大脑对刺激和变化非常敏感，这非常好，因为如果你的孩子没能取得较大进展，你还可以有所作为！例如，如果你的孩子在婴儿期不会爬行，那么有很多有趣的爬行小活动可以帮助其大脑"弥补"遗漏的动作模式，比如模仿动物，像丛林中的老虎一样潜行或是像追踪老鼠的猫一样迈步。

发展动作技能的重要性

让·皮亚杰是著名的发展心理学家,自 20 世纪中叶以来,他的著作不断影响着婴幼儿发育研究领域。他非常关注婴幼儿的"认知",即他们如何学会思考。他认为,运动在学习过程中起着重要作用。埃丝特·塞伦是研究婴幼儿发育的发展心理学家,她的研究进一步支持了这一理论。她发现能够刺激动作技能的活动经历,为更高阶的学习奠定了重要的神经学基础。也就是说,运动是所有学习的基础。

婴幼儿通过移动身体来思考。一开始,新生儿的动作是不自主的、自动的、原始的反射作用的结果。重复这些反射动作有助于他们在移动中探索世界,从而刺激智力的发育。皮亚杰认为这些基于反射作用的动作是所有未来智力发育的基础。婴幼儿通过一种被称为"循环反应"的过程来学习,这种反射或随机的运动会给予他们反馈。婴幼儿享受这种反馈,因此一次又一次地试着重复这个动作,直到成功。这样,对学习很重要的技能就逐渐形成了。

运动和动作技能的发展使婴幼儿能够与环境互动,这就是学习的发生方式。运动不仅能促进学习,学习也能促进下一阶段的运动。随着大脑建立的连接增多,它可以处理更困难的动作任务。例如,孩子会一再往坡上跑,你每次都要把他从最高处带回来,直到他这一学习任务成功完成。然后,你的孩子会反复尝试顺着坡往下跑，需要跌倒好几次，才能学会这项更难的技能！一旦第一个动作的大脑通路成功连接并能够自动完成，就可以尝试并完成下一个阶段的动作。

在婴幼儿时期没能获得动作经验，也没有机会进行弥补的儿童，可能会在日后的学习过程中遇到身体和智力发育上的困难。一个由众多研究和学习机构中的顶尖国际专家组成的小组对这个观点表示赞同，即基本动作技能的发展和成熟会影响儿童的学习水平，运动可以提高儿童的脑力和学习能力。他们认为：

- 掌握运动模式可提升脑力和学习成绩。（注：动作技能即运动模式。）
- 体育活动和心肺健康有利于儿童的大脑发育和功能完善，也利于智力发展。
- 在学校里，在课余时间进行动作技能发展和体育活动而花费时间并不影响儿童取得好成绩。

动作技能发展如何为学习赋能

当孩子培养出新的动作技能时，大脑中的其他区域也会受到刺激，为学习做好准备。例如，如果孩子能在跳跃、前进和蹦跳时控制好身体，他就能更好地保持协调动作和把控时间。这也意味着孩子可以在学校里控制好手中的铅笔,安稳地坐在椅子上,专心完成手头的任务,不会因为身体想做别的事情而分心。平衡能力差和姿势不佳的儿童,以及对动作技能缺乏控制的儿童,都很难安静地坐着,这直接影响了他们集中注意力和遵循指令的能力——大脑会因为身体想要在椅子上找到一个舒适的位置而分心。这些孩子通常也不能精确控制手和手指的运动。

精细动作控制使孩子们能够在纸上流畅地书写。只有身体的大肌肉或"大动作"技能得到很好的控制时,才能培养出这项能力。这是因为身体的发育方式非常特殊,先从大肌肉开始,再到小肌肉,也就是从躯干到指尖和脚趾尖。那些有很多机会通过幼儿时期的多种运动模式来发育大肌肉的孩子,也将能够发展出良好书写和铅笔控制所必需的精细动作技能。

当孩子有机会发展动作技能时,他们还可以移动眼睛的肌肉,进而刺激视觉技能发展。当目光移动时,他们的眼睛能够学会从上到下、从左到右平稳、协调地看事物(这对阅读是很重要的),也能学会分配注意力(这对交替看白板和书或计算机很重要)。同时,大脑也在学着解释我们所看到的东西。这些都是学习的基本技能——目光只有能在一页纸上平稳地移动才可以阅读,大脑则需能够解释正在阅读的内容。"可视化"(在头脑中看到)和感知(理解所看到的)的能力是学习的关键要素。这些能力的发展都是动作经验积累的结果。动作技能和运动机会有限的孩子通常会觉得这些任务非常困难。

此外,运动还能增强长期记忆和巩固回忆。重复的动作能刺激儿童对时间和空间的记忆,而且这些记忆能够保持一段时间。因此当宝宝反复尝试完成某一项任务时,动作会被细化,继而能够做出流畅、可控的动作。例如,一个正在学习爬楼梯的宝宝会反复做这个动作,一旦这种运动模式在其神经通路中稳固下来,宝宝便掌握了爬楼梯这个动作,随后进入下一个阶段的学习。重复的运动模式能够使孩子对身体和动作产生控制感。

自发地控制动作表明大脑不必"思考"需要怎样才能做动作。对于能够自发运动的人来说,我们的大脑早在运动之前就已经记录、计划和绘制了我们的运动。而受过脑损伤的成年人会认为再次学习做动作是很困难的,因为他们必须考虑每一个环节。这样思考着去运动很辛苦,因此他们很快就会疲惫,而且他们在做某个动作时,很难兼顾其他事情。在进入较难的学习环境(如学校)之前,没有形成自发运动模式的孩子面临着相同的挑战。但他们还无法像成年人那样表达,也不知道自发运动模式是什么感觉,以及失去这种能力是什么感受。父母通常不会注意到孩子是否发展出自发动作技能,一般来说,这仅仅是因为父母不知道从何处观察。

我们绘制了一个动作技能发展的金字塔,来帮助你判断孩子的发展进度,如图 2-1 所示。

做好学习准备

静坐、处理任务

协调性、姿势控制

跳跃

齐步走

快走

单脚跳

双脚跳

快速移动

行走

四肢爬行

腹部贴地爬行

腹部蠕动反射

图 2-1　动作技能发展进度表

动作是一切学习的开始。

——R. 梅利罗和 G. 莱斯曼

《儿童神经发育障碍：进化角度》

动作技能发展时间表

如前一章所述，动作技能是循序渐进式发展的，从宝宝出生的那一天就开始了。更高层次的发展建立在较低层次的发展之上，这意味着如果较低层次的发展受到损害，那么更高层次、更复杂的技能和思维的发展将会变得困难。

原始反射和婴儿的移动方式

婴儿完全依赖父母或看护人来满足其各种需求。婴儿有一系列的反射来帮助他完成从子宫到外界生活的过渡，其中许多反射在出生前、出生时或出生后不久就出现了。反射不涉及思考，是身体本能地进行的一种非自主行为。在健康发育中起着重要作用的反射主要有三种：生存反射、原始反射和姿势反射。

生存反射自胚胎在子宫孕育的早期就出现了，并贯穿整个生命历程，毕竟没有生存反射我们就无法生存。这些反射包括眨眼、打喷嚏、咳嗽、呕吐、打哈欠、打嗝、吞咽，还有许多关于身体节奏和运作的反射，如心跳、体温控制和肠道运动。

原始反射与脑干有关，脑干是大脑中存在最久、最原始的部分，也是孩子出生时发育得最为完善的部分。孩子出生时，会有训练有素的健康专家来为其测试这些原始反射是否存在以及反射的强度。这有助于确定婴儿神经系统的健康状况，并在必要时实施干预策略。有时，由于怀孕或分娩过程中环境造成的压力或创伤，婴儿的反射反应会减弱。原始反射不易被激活是神经系统不成熟的早期信号，对孩子的持续发育具有上游效应。

原始反射不同于生存反射，因为它们需要受环境刺激而被激活。一旦大脑的其他部分开始连接并执行各自的功能，原始反射就会停止，这种情况大多出现在1岁末期。原始反射具有许多重要的作用：帮助婴儿顺利诞生，确保婴儿能够吸引父母的注意来帮助其生存，刺激婴儿不加考虑地移动。这些有规律的反射运动会刺激婴儿，同时也为他们未来的发育和大脑的成熟奠定了基础。此外，这些反射还会刺激感官，包括触觉、视觉、听觉、平衡感，还可以帮助宝宝初次拥有空间感知能力，这不同于对子宫中的"空间"的感知，也不同于宝宝的自我意识（孩子在出生时没有任何自我意识）。

随着大脑的连接和成熟，宝宝在 1 岁时可以自由移动，不自主的原始反射反应就会消失。只有在为宝宝提供一个适当的刺激环境时，原始反射才会出现。宝宝通过被抚摸、拥抱和摇晃来获得这种反射体验，并有机会不断地自主进行这些反射性动作。俯卧的时间特别重要，因为它能让宝宝体验和练习动作，增强自我控制，逐渐有意识地选择移动的原因、方式和时间。例如，一个新生儿会在没有意识的情况下本能地抓住放在手上的物体。随着宝宝反复经历这种不自主的运动，神经中枢就会建立起神经连接。之后，宝宝会故意伸出手来，张开手，从人们面前的地板上捡起一个物体，所有人都为之高兴不已。然而，放手则是完全不同的一回事！在宝宝学会自主放手之前，还需要经过几周的练习，并建立相关的神经通路。

随着宝宝神经系统的生长和发育，自主行为和姿势反射会逐渐取代原始反射。这些永久性反射能让宝宝对身体进行更复杂的控制，有助于他们形成良好的姿势、保持平衡、动作更平稳。在这种情况下，孩子本能的动作（比如抓住手上的物体）演化为自主的"上游"能力（比如准确地握住铅笔）。这是一个多阶段的、长期的过程，孩子的抓握能力逐渐改变、成熟，直到他们 4 岁左右，才能够掌握像成人一样熟练的抓握方法。

越来越多的专家认为，儿童的发育、行为和学习是建立在新生儿充分抑制原始反射能力的基础上的。只有这些反射被自主动作抑制时，孩子才能度过正常的早期儿童发展阶段，充分发挥其潜能。如果 12 个月后原始反射依然活跃，孩子的发展可能会受到影响。但这并不意味着孩子不聪明，但似乎能够表明他们不能充分利用自己的才智和天生的能力，而且学习可能会让他们感到沮丧和紧张。

与孙子、孙女的游戏环节

孩子需要自由地活动。早期探索运动会影响孩子大脑的连接方式，有助于抑制原始反射，促进自主动作模式发展。重要活动包括以下内容：

俯卧时间

宝宝醒着时，在地上铺个可爱的、安全的垫子让他得以趴着玩耍。这样可以促进宝宝初步的探索性反射运动模式发展，帮助宝宝感受自己的身体在垫子或家长身体上移动。不受束缚、露出手脚在垫子上玩耍，能够刺激宝宝：

- 头部控制和上身力量的发展。
- 手眼协调、伸手和随意抓握。
- 在地板上爬行（突击队式爬行），手臂和腿的力量和控制；爬行可以激发核心力量，促进身体协调，刺激感官发育。

- 手和膝盖发力，四肢着地爬行。
- 用四肢发力挪动身体，靠自身力量坐起来。没有足够俯卧时间的宝宝，往往会在核心力量和姿势控制能力发展尚不充分时就进行坐立。这些宝宝的运动机会有限，可能无法完全抑制原始反射反应。

多运动

- 尽量少将宝宝置于襁褓内，减少使用固定座位的机会，如安全座椅、婴儿车或摇摇床——当然，宝宝坐车时必须要使用安全座椅。尽量使宝宝的手和脚露出，让他们多做动作，这样他们就可以通过触摸得到刺激。谁不喜欢逗逗宝宝可爱的脚趾呢？
- 给宝宝唱童谣或换尿布时，动动他的四肢。跳舞，摇摆，慢转，晃动……这些动作都有助于让宝宝的大脑熟悉他爬行、站立并保持平衡时所经历的各个动作。
- 每次换尿布或把宝宝抱在膝盖上时，都给他按摩。换尿布时可以按摩臀、腿、脚和脚趾，抱他时可以按摩手指、手臂、肩膀、肚子、后背。按摩有助于宝宝了解自己的身体，感受不同的身体部位和肌肉。在刚刚出生时他们是完全没有这种感觉的。

- 避免孩子看屏幕。不到2岁的幼儿能从动作和与周围世界的互动中学到更多。
- 当宝宝可以在家里缓慢地爬行"闲逛"时,不要急于用手牵着他们走路,不然会妨碍他们用四肢爬行!人有80多年行走的时间,但只有5~6个月的爬行时间。行走不是发育的关键,重要的是行走前的动作。

爬行

四肢交叉爬行,对宝宝来说是发育过程的重要里程碑。

- 它能帮助宝宝主动地感知更大的世界,促进身体和情感发展,与思维技能的提高紧密相关。这种爬行方式可以帮助宝宝了解周围的空间,用不同的方式穿越空间,从不同的角度(远、近)看事物,利用过去的记忆来理解事物、感觉、味道、声音等。
- 能够四肢交叉爬行也表明运动的原始反射受到了抑制,这是神经系统健康发育的重要指标。英国一项研究记录了62000名儿童从出生到上学时的生活,结果发现,那些在9个月时运动表现良好的宝宝(换句话说,会爬行的宝宝),学习表现也更好。

活跃的眼睛

眼部的肌肉也需要得到锻炼：

- 鼓励宝宝用目光追踪物体，让他们的眼睛跟随木偶、玩具和人移动。注意，他们的头也要随之移动。
- 视觉记忆训练——玩躲猫猫，把脸躲在手或围巾后面，然后问"奶奶去哪儿了"。
- 多做腹部活动——如果可以的话，和孩子一起躺下，把玩具放在视觉距离内，引导孩子伸手去拿，以促进孩子的手眼协调。
- 如果孩子能走路了，他就可以看着你把球抛远或滚近，并追着球跑。

学步儿

一旦孩子能够稳定站立，就表明他的大部分原始反射已经受到了抑制，姿势反射已就位。如果孩子过了1岁仍在爬行，不要阻止，也不要强迫他走路！事实上，孩子的大脑一直在发育，只是一些运动模式的形成和深化需要更长时间。先学会走路的孩子不一定就更聪明。走路这一行为并不能表明神经系统发育健康，曾经一些后来被诊断为发育障碍的儿童通常也在"正常时间内"学会了行走。

学会走路后，孩子还需要维持平衡，能够稳稳地站起来，这需要大量的时间和练习。内耳（前庭系统）的平衡感受器会推进这一过程。进行多次翻滚、在斜坡上上下下，一只脚踩在路肩上或跨过地板上的物体而不摔倒、缓慢地旋转、在蹦床上弹跳，都能促进平衡感受器的成熟。

这个年龄段的孩子完全专注于活动和探索。他们喜欢跑来跑去、推推拉拉（甚至是厨房里的椅子也能让他们玩得不亦乐乎）、拍拍打打、把球扔来扔去（甚至朝后扔）。你可以发现，他们在奔跑时手臂和腿都尽量朝外打开，地上稍微有些凸起或是快速扭头都会使他们摔倒。幸运的是，他们长得不高，所以摔得不重，尿布也能起到缓冲作用。但他们的动作也能很快，所以你要眼观六路，耳听八方！他们不知道做什么是危险的，我们必须时刻紧盯着。随着练习增多，平衡感逐渐增强，孩子在跑步时手臂会向内侧靠近（或者在跑步时抓住一些东西），双腿也会靠得更近。他们跑起来会变得更加平稳、可控制，也更容易起步和停止，转弯时也不会摔倒。

2岁的孩子以顽强和坚定而著称。而3岁时，大脑则进入非常忙碌的发育阶段。它要专注于了解"我"（我能做什么、我要怎么做），还要探索身体各部分如何协调以开展不同的工作。大脑的基因程序驱使它去寻找能最大程度支持大脑发育的经验和机会，其中大部分就是积极的运动，如跑步、攀爬和跳跃。到 2 岁末，孩子已经可以骑三轮踏板车了，他们醒着的每一刻都在"路上"！

光脚是最好的

足部发育和健康领域的专家证明，光脚对所有年龄段都有好处。光脚爬行、行走、跑步、攀爬、跳跃可以锻炼足部的肌肉和韧带，增强足弓力量，提高我们对周围空间的意识，有助于保持良好的姿势和平衡。

不管孩子多大，光脚在保持静态（静止）和动态（移动）平衡方面都起着关键作用。研究大脑平衡机制的神经内科医师阿兰·贝托兹博士称，一个孩子第一次能够站立并保持平衡，依赖于足部和前庭系统的发展。刚学会走路的孩子能保持平衡站立，是由"脚上的眼睛"（神经）引导的。所以孩子们穿鞋子就像眼睛戴了眼罩，触觉受到抑制，传递给大脑的信息也减少了。这是因为光脚与地面接触的感知提供了一个相对稳定的平台，大脑可以从中确定身体相对于地面的位置。孩子在 18～24 个月大时能够稳定地控制头部，在平衡系统的参与下，眼睛就能接替脚部，向大脑提供关于身体相对于地面位置的信息。这样头部就会根据姿势自动调整位置，保持稳定。婴儿期和幼儿期光脚在帮助年轻人学会辨别空间方向并组织适宜的运动模式的早期作用非常重要，它甚至有助于记忆的发展。

学步儿的积极游戏

学步儿需要很多机会来发展良好的平衡能力，以便为之后的动作技能奠定坚实的基础。在这一时期，他们需要学习摇摆、跳跃、奔跑、稳稳地站立并保持平衡。

- 每天去散步。鼓励孩子沿着路肩、木板、垫脚石等地方行走，保持平衡，沿着小坡跑上跑下。平衡能力是通过反复的动作练习来提高的，良好的平衡能力是自主控制身体的必要条件。雨后散步对孩子来说更是格外有趣，他们喜欢在水坑里跑跑跳跳、踩踩闹闹！

- 多参观当地的公园。因为这可以让孩子参与各种运动：转、摇、挂、爬、滑。尽量选择其他大孩子在幼儿园或学校的白天去，这样你的孩子就不会有被意外推倒的风险。公园里最好有运动设施，能让孩子动起来。一直用同一套设施也没有关系，重复和练习对巩固技能很重要。随着孩子们动作技能、信心和能力逐渐提高，他们使用设施的方式也会发生变化。

- 少看电子屏幕。每天最多让孩子看20~30分钟电子屏幕，最好是完全不看，但实施起来很有挑战性！孩子看屏幕就不会运动了。如果允许孩子看屏幕，那就选择看一个能让孩子站起来跳舞或唱歌的互动节目。

- 在室内也要活跃，在家具之间搭建一条攀爬或是爬行的路线。让孩子爬到桌子下面，爬过椅子上的毯子，穿过隧道，爬过躺椅，跳到床上或地板上的垫子上……记得最后要把东西收拾好。

- 多让孩子有机会光脚行走、跑步、蹦跳、攀爬和单脚跳。孩子一到家就把他的鞋子脱下来，这样还可以省去很多清洁工作。
- 让孩子光脚走在不同材质的路面上，比如地毯、瓷砖、木头、草地、水泥、石头、水、沙子、砾石、砖块、湿海藻、泥土等。
- 光脚玩跳跃、跑步的游戏。

为促进眼部肌肉运动，增强力量，可以：

- 做手—眼协调运动，如扔沙包、拍气球。
- 口头表述动作指令，例如"你能看到红色的球吗？请把它捡起来"。
- 追逐或击打摇摆物体。在球拍上绑个气球就很适合。学步儿应先学会在不转头的情况下移动视线。

学龄前儿童

3~5岁是孩子巩固前三年所学技能的时期。在这个时期，他们的大脑能够更有效、更恰当地将信息整合在一起，对来自所有感官的信息做出反应（视觉、听觉、触觉、肌肉、关节的运动以及平衡），为大脑进行更高水平的学习做好准备。如果说孩子在0~3岁是为情感、社交和学习准备建立正确的信息通道，那么3~5岁的运动和感官经验则好比将这些通道转化为学习所必需的高速公路。

在任何地方、任何时间，3岁的孩子都会表现出一种强烈地想了解周围世界的好奇心。孩子们玩的游戏类型可能有所不同，但事实上，所有家长都在寻求不仅有趣，而且能吸引孩子们注意力，并在不知不觉中能促进学习的游戏。从基因的角度来看，和婴儿一样，3岁儿童的大脑是以一种结构化的方式逐步发育的，有些游戏能够促进大脑发育，这个过程不因科技的进步而改变。数码时代，由于看电视、计算机、移动设备和智能手机的时间增加，孩子"坐着的时间"因此变得很长，这严重破坏了促进大脑发育的机会，大脑中的基本学习通道无法得到稳固。这在一定程度上解释了为什么许多孩子在学校难以进行更复杂的学习。

记忆

研究表明，孩子在很小的时候就参与体育运动和音乐活动，可以极大地提高记忆力和之后的学习能力。儿童玩拼图、视觉推理、思维技能游戏对提高记忆力有积极的影响。工作记忆较好的孩子能更好地集中注意力，抵抗分心。记忆是众多智力技能中最重要的一项，直接影响着其他智力技能的发育过程。

从 3 岁开始，孩子更容易记住与自己有关的物品，而不是与他人有关的物品。一项研究发现，4～6 岁的孩子被要求将购物商品的图片分别放入自己和他人的篮子中时，他们能更准确地记住自己篮子里的东西。大脑对与自身相关的事物给予了更多注意力和记忆支持，因此产生了自我参照效应，做与自身相关的事情会改变孩子处理信息的方式。在孩子 18 个月之后，我们会经常听到孩子哭闹着说"我的"。到 3 岁时，孩子的自我意识更强，大脑中储存和提取记忆的部分也变得更加发达和活跃。

学龄前儿童活动游戏

学龄前儿童需要积极参与运动游戏。这些游戏可以提高动作技能，培养身体和空间意识，发展手—眼和眼—脚的协调能力，培养模仿节奏、一串声音的能力，提高左右侧身体意识以及身体两侧不对称活动的能力。

鼓励孩子玩高架梯、跑步、跳跃、弹跳、走路、跳绳、玩滑板车、骑自行车、投球、接球。这些动作技能都能促进中线交叉、交叉运动模式及优势侧运动的发展——这些能力都是良好的学业表现所必需的。

- 公园、游乐场和自行车道十分有利于这个年龄段的孩子,孩子们能在这些地方进行积极的、必不可少的运动。孩子的大脑需要连续的动作经验,三轮滑板车和自行车(孩子动作技能发展和平衡水平良好的话,可以不用训练轮)能极大地帮助孩子积极参与活动,发展平衡、协调能力和空间意识。
- 室内游戏可以给学龄前儿童带来挑战,并引导他们思考如何为自己设置一条闯关赛道。比如,用什么材料、能以什么方式来爬过或穿过家具、是否能设置不同的路线……这将运动与思维联系起来,对学习至关重要。
- 在房子周围学动物走路。这有利于发展动作技能,增强力量,促进身体两侧不对称活动,也可以帮助孩子提高具象思维能力。"熊、狗、兔子、大象、海豹、鸭子、青蛙是怎么走路的?能表演给我看看吗?"
- 光着脚也很重要。让孩子用脚趾捡起弹珠,并把弹珠放在小容器里;用脚趾而不是手指来叠围巾;让孩子光着脚骑三轮车、自行车或踏板车。

还可以玩一些记忆游戏:
- 托盘里少了什么?在托盘里放置4种不同的物品,让孩子们观察,在他们背过身去的时候拿走其中一种物品，让他们说出少了哪种。如果放4种物品孩子很难猜中少了哪种，就尝试先放三种。如果孩子觉得太简单，则可以增加物品种类，或者多拿走几种。

- 配对游戏：用图片卡玩。准备一套4对匹配的卡片，图画的一面朝下。选择两张卡翻开，匹配的话就是一对，把它们放在一边，再选两张；如果不匹配，就轮到下一个孩子翻卡。这样做的目的是帮助孩子记住相互匹配的图画卡的位置。当孩子的记忆能力增强时，可以增加配对卡的数量。

- 为促进长时记忆的发展，尝试将新想法、新行动和孩子的自身联系起来。例如，当孩子谈论"我的书"时，自我参照效应就会发生，它会在大脑中吸引更多注意力和记忆支持，确保有关自我的信息不会丢失。自我参照效应可以帮助孩子更容易、更快速地学习。

视觉游戏对这个年龄段的孩子来说也很重要。

- 孩子能在不接触实物的情况下辨认物体吗？
- 进行手——眼协调练习。比如，把豆袋放进纸板箱上的孔中、把球放入滑道、把塞子放进孔中。
- 进行视觉记忆任务，比如问孩子"这里少了什么？"。
- 进行视觉辨别任务，比如问孩子"你能找到这样的形状或颜色吗？"。
- 进行视觉排序任务，比如问孩子"你能先跳到小鱼上，再跳到小兔子上吗？"，或让孩子模仿你的一个动作，再模仿你的一系列动作。
- 进行手—眼协调练习，比如向目标扔东西。
- 跟随旋律有节奏地转动眼睛。
- 近/远视觉活动练习，比如看向远处墙上的图片，再看向书中的图片。

这个年龄段的孩子也可以做一些精细的动作。进行手和手指的练习可以极大提高孩子对每一只手的控制能力。能够分辨左右、单独控制每根手指，这些都是握笔和控笔的重要基础。下面这个游戏非常适合作为入门练习：

红灯停

红灯停（右手做停车的手势）。

绿灯行（挥动左手）。

黄色就要等一等（手连续张、合）。

不停在闪烁（摆动手指）。

汽车，汽车

汽车，汽车，能载我吗（握拳，竖起大拇指；弯曲拇指，仿佛在和另一个拇指说话）？

是的，先生。是的，先生。请进吧（弯曲另一个拇指，表示回答）！

上车了（将竖起拇指的拳头放在另一个拳头上），踩油门（向前移动拳头）。

一溜烟儿，开走了（假装握住方向盘）。

不要太快了！

小结

有很多有趣的活动可以让孩子获得运动的机会，促进动作技能发展。但谨记，不要急于求成，因为孩子的大脑发育需要更多时间、经验和练习来整合每一项动作技能。也就是说，孩子可能要花6个月完全学会用手和膝盖绕着家具爬行后，才能准备迎接下一个挑战——独立行走，有的孩子需要的时间可能会更长。重要的是，只有当大脑达到一定的发展水平时，才能够顺利、有效地激活技能，为获得下一步的动作技能奠定坚实的基础。

第三章

如何支持和培养良好行为

行为是个很大的话题。无论是问父母还是祖父母,他们都会告诉你这是关于所有年龄段孩子的"热门话题",从最小的宝宝到桀骜不驯的青少年,都是如此。困扰总是无止境的:应该放任孩子哭吗?应该让他哭多久?该怎么对待挑食的孩子、躺在地板上尖叫的孩子、家里有客人时躲在大人腿后面的孩子?问题接连不断。

没有一劳永逸的答案。但无论采取什么做法,处理不当行为的方式必须经每个关心孩子的人同意,并且尽量与其保持稳定与一致。你可以阅读行为管理类的书籍与在线资源,但在阅读之前,你要理解为什么孩子会出现这些行为,作为祖父母,我们为什么需要对行为做出一致、可靠和可预测的反应。

情绪发展与大脑

情绪发展和随后的行为模式在孩子出生前就已经开始发育了，并在孩子出生后的两年里得到迅速发展。大脑中负责情绪调节的关键区域直到个体 25 岁才能完全发育成熟，但类似成人的情绪调节大脑连接在孩子 1 岁时就出现了。研究发现，这些大脑回路在孩子出生后第二年的连接和发展情况可用于预测 4 岁儿童的智商和情绪控制能力。这意味着孩子在出生后最初几年的经历将决定其大脑的情绪结构，进而影响到孩子的情绪控制（调节）能力、思考和学习能力，以及他们在生活中的表现。

情绪成熟、控制情绪反应的能力会随生活经验而发展（或不发展）。自尊、自控力和自信对行为和人际关系非常重要，想要培养这些品质，就必须在婴儿期和幼儿期充分促进孩子的大脑发育。守规则、知习俗、自立、自律、自控、倾听、与他人共处对情感发展很重要，若想让孩子成功应对日常生活的挑战，就需要尽早培养他的这些品质。

越早开始这些重要价值观的相关教育，效果就越好。在孩子上学前就开始对其进行引导会让孩子之后的学习过程更加顺利。如果只是一味地想着孩子会在学校里学到这些技能，那你可能要大失所望了。没有对教室或学校环境的结构和规则做好准备的孩子会较难适应校园生活。步入正式课堂，孩子们就需要调节好自己的情绪，以一种积极的方式独立地进行学习。也就是说，他们必须能够在情感上接受自己并不是事事完美，事情并不总是"称心如意"，自己也不总是"永远的赢家"这些事实。能够以这种方式管理情绪被称为"情绪调节"，它是情绪成熟的必要条件，能使孩子（和成人）应对日常生活的磕磕绊绊。

> 情绪解释了大脑的工作原理。情绪打开了学习、注意力和记忆的大门，促进了知识的发展。
> ——医学专家和神经科学家弗朗西斯科·莫亚

许多早期的生活经历相互作用，为保持良好的心理健康、建立和谐的社会关系和获得学业成就奠定了基础。孩子生活在充满爱、稳定、可信赖、可预测的环境中，其情绪能够快速地发展成熟。这种环境鼓励他们遵守规则，能够自给自足和独立，养成自律、控制力强、善于倾听等良好品质。当孩子开始上学时，这些品质能够促使他们在没有父母指导和支持的情况下，成为团队中积极的一员。相反，若处于高压环境中，看护人更换频繁、不细心、态度恶劣，往往会让孩子产生行为障碍，导致孩子出现心理健康问题，无法适应家庭、学校和其他重要的社会关系。

什么是情绪调节

- 情绪调节是指大脑成熟到儿童（和成人）能够控制情绪，对不同情境做出适当的情绪反应的程度。
- 儿童需要通过经验、实践来培养这一能力，还需要成年人给予支持和指导。
- 情绪调节能力对获得学业成就、建立友好关系以及未来就业至关重要。
- 情绪调节能使孩子更坚韧、更积极。

调节行为、动机和基因所发挥的作用

我们自己的基因图谱在我们管理情绪方面起着非常重要的作用，这一点儿也不奇怪。在某些时候，你很可能认为某些独特的行为或情感是由"基因带来的"，特别是孩子在某些行为特征方面很像父母或祖父母时。诸如害羞或暴躁的性格特征，通常被认为是遗传的。但新研究表明，原因远不止我们认为的这些。

基因充当了沟通者的角色，而沟通的方式则取决于个人经历。这是因为基因对身体在特定情况下产生的某些化学物质（激素）是很敏感的。例如，在孩子认为是"可怕或有威胁"的社交场合中，过分害羞的孩子会比不害羞的孩子分泌更高水平的应激激素（皮质醇）。这种体内激素的升高会以一种特殊的方式影响基因的表达和反应。每个基因都有一个被称为"化学信号的着陆点"的"开关"，可以附着在DNA（遗传物质）上。"着陆"的化学信号的类型和力度决定了基因的开启或关闭，这反过来又建立了情绪反应的长期模式。因此，大脑会把社会经历写入生物过程，这个过程被称为"后成作用"，虽然这很复杂，但非常重要，因为这意味着我们可以为孩子的情绪和社会发展提供最有利的环境，极大地影响他们人生中的最初几年。例如，一个孩子可能天生害羞（生来就携带害羞的基因，这种情况确实存在），但是如果他能经常得到支持，有积极向上的体验，屡次与旁人友好互动，那么这个基因的害羞开关就不会被开启，或者不会被强烈激活。这真的太神奇了！

但是，如果一个孩子有负面的早期生活经历，那么生化屏障就会附着在基因的开关上，阻止化学信号发生"着陆"，后成作用（表观遗传）就不会发生。这些心理体验会长期影响表观遗传结构。研究人员发现，如果孩子长期处于高压之中，其抗压力基因的激活就会受抑制，而这种模式是很难改变的。

但这并不意味着不让孩子经受任何压力！压力是生活的一部分，孩子们需要学会如何应对——唯一的学习方法就是实践。在5岁前完全没有经受过压力的孩子表现出的很多行为与高度紧张的孩子相同。这些情绪高度紧张的孩子通常被称为"泡沫儿童",他们极度容易焦虑、害怕失败,感到抑郁、愤怒和沮丧。这些行为模式可能会持续到青少年和成年。

你可能会注意到,与过去的孩子相比,如今的孩子受到了更严格的监督和保护,以防止他们遭受压力。出于安全考虑,探险游戏的限制繁多,尤其对 3 岁以上的儿童来说。"直升机式父母"格外谨慎,想让自己的孩子免受伤害,却往往导致过度保护的发生。虽然不可否认他们是出于善意,但这些家庭里的孩子往往会出现严重的行为和情绪问题,因为他们无法面对压力或失败。作为祖父母,你有机会在提供安全感和爱,以及让孩子自己探索和学习之间取得平衡(当然,要针对合适的年龄段)。这可以开发孩子大脑的情绪调节系统,激励孩子多做多学,增强其适应力。

但也不必每天刻意让孩子感受到压力,压力只是日常生活中的一部分。孩子经常得不到想要的东西,对他们来说,这就是有压力的一刻(也许对你来说也是)。重要的是如何处理这一时刻。"让步"和屈服于孩子的请求、要求,可能会让他们立即停止哭泣和抗议,但他们又能学到什么呢?他们会学到,如果哭、尖叫、躺在地上,就可以操纵他人并得偿所愿!当然,有时你确实需要灵活应变,但有时这却是个机会——让孩子学习到什么是适用的规则、什么是得体的行为。从 18 个月开始,学步儿的大脑开始建立联系,他们能够学习简单的规则，并开始学习控制冲动。尽管这需要时间和大量的练习！

有一些书对管理孩子的行为很有效。我最喜欢的是林恩·詹金斯的"*Best Start*"（意为"最佳的开始"）和路易斯·波特的"*Young Children's Behaviour*"（意为"小孩的行为"）。本章并不会深入讨论行为管理的方法，我想说的是，你可以把孩子的不当行为当成让他们学习的机会。当学步儿开始"大发脾气"时，他们实际上是在确定自己生活中的界限，而关爱他们的成年人应该以支持和充满爱的方式帮助他们了解这些界限。不要认为孩子"长大了就好了"，事实上，无论你在那一刻采取什么行动，都会对孩子的长期发展产生重大影响。在新西兰达尼丁进行的一项非常著名的长期研究追踪了1000名儿童从出生到成年的生活。研究发现，如果儿童5岁时没有发展出控制冲动的能力，那么在他35岁时更有可能犯罪、吸毒、拥有不稳定的人际关系、社会经济地位下降、患上心理疾病、健康状况恶化。

因此，作为照顾年幼孩子的祖父母，你应当抓住机会，利用这些有压力的时刻，帮助孩子学会控制情绪，抑制冲动，学习什么是可接受的行为，什么是不可接受的行为。你采用的处理方式对孩子的影响非常大。如果你对孩子呵护备至，使用可预测、一致的规则，孩子就会很快理解界限，遵守规则（例如"在玩游戏前先把之前玩的玩具收起来"），能够独立完成任务（例如"我不帮助你，你能做到吗？"），发展自律品质和控制力（例如"就快成功了，别灰心！再试一次吧！"）。同时，你还能引导孩子学会倾听，举止规范。

此外，还要注意你自己的情绪反应，你不能假装关心，或假装不生气、不高兴、沮丧或"受够了"，因为小孩非常善于"察言观色"。如果你觉得在"危急关头"无法控制自己的情绪反应，就要想想孩子正在紧盯着你！无论你做什么，孩子都在看着、在学习，他们会认为"当我生气或愤怒时，我该这么做"。大脑内的"镜像神经元"不仅能反映和感知儿童自身的行为，还能反映和感知周围其他人的行为！

动作发展、情绪发展、动机和适应力

体育活动对孩子的情绪发展有重大影响。研究发现，体育活动可以刺激参与情绪调节的脑细胞的生长。当孩子进行积极的活动时，他们会以不同的方式来锻炼自己的身体。他们经常进行试错学习，来帮助他们寻找其他方法解决问题（而不是沮丧）。2岁之后，他们会学会按规则与他人玩耍、交往。

积极运动还能促进"让人感觉愉悦"的激素的释放。这种激素被称为内啡肽，可以减轻压力。众所周知，高水平的压力会对大脑功能和情绪发展产生负面影响，导致焦虑。有规律的积极运动有助于减轻成人和儿童的压力，降低压力对情绪健康的长期影响。

通过运动刺激前庭系统（平衡器官）对情绪的调节和控制也很重要。研究表明，患有焦虑、抑郁和恐惧症的人通常存在前庭、姿势稳定和视觉—运动方面的问题。研究表明，运动、前庭功能和情绪处理共用一个神经网络，因此能够相互联系。我们与重力的平衡关系是最重要的安全来源。如果孩子无法掌握平衡，那么其他方面也都不会太理想。在情绪系统成熟和情绪调节的发展中，通过运动刺激前庭起着关键作用。孩子们需要经常进行倒挂、跳跃、摇摆、滚动和左右移动。参观当地的公园能够轻易地让孩子的平衡感受器变得活跃、灵敏，随着歌曲跳舞、在家里玩也能很好地促进情绪发展。想想看，孩子们多喜欢在休息室里玩耍，也喜欢躺在那里，或者像玩蹦床一样在床上跳来跳去。

动机

动机激励我们去学习，去积极地生活。大脑中驱动动机的区域也会促进注意力的集中，提升学习和决策能力。这些区域的发育始于儿童发展的早期阶段，并随着时间的推移而持续发展，所以来自父母和祖父母的照料能够显著地影响孩子动机的发展。积极的、充满爱的、相互支持的关系是健康的动机系统发展的基石。孩子们会在积极的探索、玩耍，以及从游戏获胜中得到激励。

积极的运动对动机发展非常重要，特别是在发展初期，孩子的大脑很容易受到各种经历的影响，而后期的发育可以改变这一过程。运动和锻炼会释放"让人感觉愉悦"的激素，进而刺激大脑中的动机系统。如果大脑中的动机系统不活跃，压力激素就会被激活，从而导致焦虑、抑郁和攻击性。著名神经生物学家和医学教授约阿希姆·鲍尔发现，行为不主动的孩子会寻找其他方式来刺激动机系统，如电子设备、垃圾食品和加工饮品（含有高糖分、人工色素和各种甜味剂），这些事物很容易使人上瘾。如果孩子们没有得到"治疗"，他们就会变得不耐烦和暴躁，表现得就像是正在戒毒的人一般。

适应力

适应力是指孩子能够适应不断变化的情况，从不愉快的经历中恢复过来，并在压力下保持竞争力。它使孩子能够从容地面对压力，积累各种经验以更好地适应未来。有许多因素能够帮助孩子发展和保持适应力：亲密友爱的关系、稳定积极的奖励制度、动机和情感调节技能的成熟以及多种形式的文化信仰体系和传统。积极的动作经验也能起到一定作用。研究发现，运动对自尊有积极的影响，而自尊是保持适应力的关键因素。

笑

你一定听说过"笑是最好的良药"这句话,我们都知道这句话有道理,但通常不会把笑与孩子的健康发展相联系,即使他们一天可能笑400次。研究人员估计,笑100次相当于在划船机上锻炼10分钟。笑使血管功能更好,且对心脏和大脑都有好处。笑能提高内啡肽的水平,而内啡肽是人体的天然止痛药,还能抑制压力激素的分泌,会让我们感觉很好。

我们生来就会笑。宝宝在出生的头几周就开始微笑。出生一个月后,来自母亲的声音和抚摸会让宝宝露出会心的微笑。对熟悉面孔微笑和听到不同寻常声音时的大笑通常在宝宝4个月大时出现。笑也会由体育活动引发。大多数宝宝喜欢身体在半空中摇晃穿梭。伴随着经典儿歌《约克老公爵》(The Grand Old Duke of York)音调的起伏,或是律动儿歌《爸爸妈妈和汤姆叔叔》(Mother and Father and Uncle Tom),从祖父的膝盖上滑下来,都能逗得他们哈哈大笑。宝宝8个月大时,像躲猫猫这种小游戏就能发挥作用了。

你也可以做一些幼稚的事,如假装吃宝宝的食物或发出夸张的动物叫声,来逗1岁大的宝宝。这种早期的微笑和大笑通常是对熟悉的人和情况的反应。宝宝喜欢一些能跟着摆动的歌曲,比如《围着花园转啊转》(Round and Round the Garden),或是拿一个宝宝最喜欢的玩偶,让它动起来,将玩偶摆出各种滑稽的动作，都能逗得其哈哈大笑。学龄前儿童很乐意成为宝宝关注的中心。他们可以一起玩躲猫猫，发出有趣的声音和用力地挠痒痒，这些都正对宝宝的胃口！再大一点儿的孩子可以搭一个积木塔，让宝宝来拆除它，或者他们还可以用宝宝的玩具手机聊聊天。

当孩子喜欢模仿的时候，幽默感便开始发展。宝宝的模仿主要是对常见的娱乐活动的复现，此时的笑声大多是通过体育活动而释放出的兴奋。"滑稽搞怪的行为"往往是孩子在表现自己对运动能力的掌握程度。奔跑、跳跃或兴奋的尖叫都是孩子幽默的表现。我的孙子、孙女在学步期时，都喜欢玩追逐游戏，每当我装作要追他们时，他们就在屋子里边跑边笑。即使被自己或门框绊倒了，撞到家具上，他们还是会站起来，继续咯咯笑着跑来跑去。

3岁的孩子们会经常表现出群体的活跃性，当一个孩子兴奋地想抓住泡泡，而其他孩子也加入其中时，孩子们会自然而然地欢呼雀跃起来。在一群玩耍的孩子中，笑容会传染开来。在玩"触摸身体部位"的游戏时，一个3岁的孩子可能会调皮地咧嘴一笑，然后故意在你说摸手肘时触摸膝盖，从而显示他的幽默感，他觉得这样很好玩。3岁的孩子看到书中做了错事或者行为不端（出糗）的人或动物时，也会露出笑容。

心理学家告诉我们，笑有助于孩子理解他们的世界，享受生活。笑能够提高解决问题的能力和社交能力，发展同理心，增强自尊。欢笑孕育着幸福和积极的情感，能把家庭成员联系在一起。专门留出时间来寻找幽默和欢笑，分享符合儿童智力的童谣和书籍，可以加强欢笑带来的积极效果。

那些分享自己的有趣经历、努力让生活欢乐起来的父母与祖父母更有可能抚养出爱笑的、不怕挑战的孩子。我的父亲现在已经 90 多岁了，他是 10 个孩子的曾祖父。他曾经笑着度过了许多困难的时期，包括 20 世纪 30 年代的大萧条、第二次世界大战，还有经济困难和家道中落的时期。他曾经反复跟我说，笑容能让人们团结起来，减少忧虑，而这也是他长寿的原因。因此，花费时间培养和享受孙子、孙女的幽默感是值得的，只要你愿意和他们一起嬉戏和欢笑，发现事物中有趣的一面。你也可以把幽默感带入工作中，它能够让每个人都以更积极的心态去应对挑战。

孩子们是否正在遭受行为问题的困扰

对许多人而言，搞清楚隐藏在不良行为背后的问题并不容易。事实上，有些不良行为是由孩子大脑发育的"小故障"造成的，这不是父母的过错，也不是孩子有意为之。之所以这样说，是因为在出生于父母优秀、环境良好的家庭中的孩子身上，也会出现不良行为。虽然人们已经开始意识到，学习不好或许与大脑有关，但他们往往难以想到行为问题的出现也和大脑有关。

当然，许多环境因素都对如何发展和表达行为有很大影响，环境体验可以帮助改善潜在的行为问题。但归根结底，孩子与环境互动的能力是由大脑功能决定的。正如有些孩子的大脑无法应对噪声一样，也有一些孩子难以面对压力，不能随机应变、保持注意力集中、与他人分享或静坐。因此，尽管好的环境确实能帮助许多孩子成长，但对于有行为问题的孩子而言，他们无法充分利用这一有利条件。但这并不意味着我们就束手无策了。重要的是，儿童需要更多的机会来帮助大脑更有效地发挥功能，这就意味着孩子需要有很多符合发展阶段的感觉和动作经验、健康的饮食，以及来自家人始终如一、富有耐心、能够快速应变的悉心照顾。

运动和感觉系统如何影响行为

如果大脑的功能是完整而平衡的，孩子自然能够形成良好的行为。大脑的行为反应是建立在感觉—运动过程的基础上的。感官受到运动的刺激，向大脑传递身体和周边环境的信息。在宝宝刚出生时，大脑并不擅长解读这些复杂的信息，但随着日复一日的练习，大脑能够对这些信息进行分类、理解，并可以采取适当的行动。等到了上学的年纪，孩子的大脑应该能够清楚、迅速地完成这种解读，不感到困惑。

如果感觉—运动过程在孩子0～7岁得到了很好的发展，那么他更容易形成正确的行为。如果大脑在理解这些感觉方面表现不佳，则将妨碍良好行为的形成。在感觉—运动过程整合上出问题的孩子更容易给家庭带来麻烦。他们容易情绪低沉，觉得诸事不顺，十分挑剔，不能像正常的孩子那样享受和家人或者和同龄玩伴在一起的时间。输掉一局游戏则对他们不完整的自我概念的影响非常大，甚至可能搅乱整场游戏；分享玩具或食物对他们来说也十分困难。他们习惯于凸显自己的重要性，所以很难替他人着想。因为他们的大脑反应与常人不同，所以他们对环境的感受也异于常人，他们过于敏感，容易受到情感伤害，不能应对日常状况，也不能应对新的、不熟悉的事。由于不能及时理解现状，也不清楚他人对自己的期望，他们很容易变得非常焦虑。这种焦虑会让孩子像炮似的，一点就炸。

当这些孩子发现自己没完成的任务被其他人完成时，就会愈发不安，甚至变得沮丧和抵触。他们可能无法控制自己的情绪，会毫无缘故地从前一秒的开开心心立刻变得哭哭啼啼。缺乏安全感的孩子在面对状况时可能会表现得如同一个婴儿，因为神经能力不足以支持他们表现出相符年龄的成熟。如果你的孙子、孙女是这样的，那么他们需要比普通孩子更多的支持与安慰。家人们需要理解他们与众不同的思维方式，此外，这类孩子也需要通过大量适当的运动来促进前庭发育，以帮助其大脑更有效地发挥功能。

饮食与行为

孩子们吃的食物会对大脑和身体的功能产生很大影响，不良行为往往是第一波预警。在过去的 40 年里，越来越多的证据表明，肠道（吃了什么）和大脑（思维和行为）之间有着非常重要的联系。儿童吃的食物可能会刺激肠道并影响发育中的大脑。快餐、含糖的加工食品、防腐剂、添加剂、天然和人工的调味剂，以及各种增添风味和延长保质期的化学添加物都可能会严重破坏儿童的消化系统，并影响其大脑的发育。一些被认为是"纯天然"的食物也可能成为孩子消化系统和神经系统的威胁，比如面包、黄油、酸奶、牛奶和果汁，都含有我们意想不到的添加剂。对于那些厌恶特定食物或化学物质的人来说，日子可能非常难过。

没有充足的营养，儿童就会出现学习困难、行为不良、注意力不集中等问题。他们可能会萎靡不振，或者过于活跃。营养不良还会影响睡眠和社交，这些孩子难以理解他人对自己的期望。其中，不良行为往往是最容易被注意到的，但一旦不再摄取没有营养的食品或化学添加剂，不良行为也往往是最先被纠正的。关爱、悉心的照顾和有规律的活动（运动刺激）往往很快就能让儿童的行为问题得到改善。即便需要忌口，营养师和膳食学家也能帮助孩子均衡膳食营养。一些儿童可能需要长期远离不合格食品或添加剂；也有儿童在聚会中可以品尝几口，具体只有通过时间和医学测试才能证明某种食物的忌口程度。

关于食物对大脑发育影响的更多细节，详见第四章"肠道与大脑"。

支持和培养良好行为的策略

了解儿童各个阶段的行为特征是非常重要的。这有助于了解他们所处年龄的典型发育特征，并学习如何有针对性地管理这些行为。

宝宝（0～12个月）

宝宝刚出生时，是由原始反射反应控制的。神经系统使他们能够评估某物是否安全，并做出相应的反应。宝宝完全依赖于照顾他们的人。当遭遇饥饿、寒冷、病痛时，他们会通过哭泣来引起照顾他们的人的注意。我们必须对宝宝的需求迅速做出反应，这样他们才能有安全感，并得到及时的照顾。在这个年龄段，与父母建立牢固、积极的关系对健康的情绪发展至关重要。大家庭和社区也发挥着极其重要的作用，特别是当母亲身体不适、患有产后抑郁或对抚养孩子感到发愁时。

随着宝宝长大，他们会开始用行动来表达好恶。例如，如果宝宝不喜欢某种特定的食物，他们会把它吐出来或把头转过去。相反，如果喜欢某一种食物，则会通过挥舞手臂、微笑和踢腿来表示兴奋。

月龄较小的宝宝不了解自己的有意行为。例如，一个会爬行的宝宝会试图攀爬家具，而不考虑家具的高度或自身的安危。他不明白这是危险的行为，只当是在探索。6～12个月大的宝宝对于如何与他人互动也没有意识。例如，当他和另一个宝宝互动时，你可能会注意到宝宝之间存在抢夺玩具的现象，因为他们在这个阶段还无法理解分享的概念。

对应策略

- 一对一的关爱与照料对健康的情绪发展至关重要。
- 对宝宝的需求做出反应，包括面部表情、语调和温柔的抚摸，都能让宝宝放心，感觉自己得到了照顾。大多数宝宝都喜欢被抱。
- 在照顾宝宝时，要建立其熟悉的、一致的日常行为模式。一致性能让你的孙子、孙女知道他们生活的世界是可预测的，这有助于提升他们的安全感。
- 与宝宝玩耍。宝宝喜欢押韵的歌曲，以及不同的动作，如抖动、摇晃。这些动作能够刺激感官，鼓励运动，并且富有乐趣！

- 对于稍大年龄的宝宝，在他们淘气时可以分散他们的注意力。他们很容易分心！例如，如果你的孙女喜欢拔你的头发或者摘你的眼镜，轻轻握住她的手，引导她将注意力放在另一个可以玩的物体上。

学步儿（1~2岁）

这个年龄段的孩子开始探索因果关系，例如，饿的时候，就要吃东西，但他们仍然无法有意识地计划或控制行为。除了那些非常简单的规则，他们基本没有理解、记忆或遵守规则的能力。虽然他们开始对其他孩子感兴趣，但在这个阶段，他们还不能理解"分享"的概念，他们仍处于对自己的了解中。他们开始发展独立性，这意味着他们可能会开始试探边界了。

对应策略

- 设立前后一致的规则和惯例。注意，学步儿需要时间来学习这些规则，所以保持一致性十分重要。
- 尽可能地转移注意力。学步儿集中注意力的时间只有几秒钟，因此很容易分散他们的注意力。
- 避免一直使用"不"和"不要"这两个词。找到他们所做事情中的"正确"之处（尽管有时很难），并进行评价。

- 鼓励孩子。当孩子学会一项新技能时,要及时表扬。
- 包容孩子轻微的不当行为。
- 这个年龄段的孩子喜欢帮忙做家务,如果你在打扫卫生,给他们一块抹布或一把扫帚,让他们也参与其中。对他们的帮忙,要多表扬、多感谢。
- 让孩子动起来。孩子的大脑对运动非常敏感,运动也是孩子学习和调节情绪的方式。如果家里的院子太小或者没有院子,可以去附近的公园,在那里,孩子可以自由地奔跑、攀爬和荡秋千,这些运动正好符合其大脑和身体所需。
- 如果你能定期照顾孩子,那就制订一个简单的睡眠计划吧。午休时,可以在孩子换尿布后或睡觉前讲一个故事。到了晚上,可以安排洗澡、讲故事、刷牙和向所有人道晚安。

2～3岁

2岁的孩子好奇心非常强,他们想要更独立地去活动和探索,并试图找到自己行为的边界。他们想要自主完成所有事,而当事情不如预期时,便很容易感到沮丧。他们常常会在试探行为的边界时,因为一点儿小事便大发脾气。他们会认为自己拥有的一切都是"我的",所以很难做到分享。同样,等待、轮流和控制冲动对他们来说都很难。

快到3岁时，他们开始建立友谊，并喜欢与其他儿童为友。他们想取悦成年人，学会遵循简单的规则，并开始理解行动和后果之间的关系。

对应策略

- 鼓励探索。他们需要在实践中学习，并且需要大量的时间积极参与游戏。你会发现他们在试图找到不同的"游戏"方式。例如，清空所有能拿到的容器或盒子；把书架上的书全部抽出来；变身"推土机"，毫不犹豫地撞倒姐姐的积木塔；拆拼图、撕纸、"破坏"几乎任何能被拆开的东西！这就是他们学习的方式。所以，家中要使用宝宝护栏，锁好碗橱，收好易碎物品，这样你的孙子、孙女能接触到的任何东西都可以被他们视作"猎物"，并自由支配。你不必总是告诉他们"不要……"，他们能在探索中学习。

- 设定边界。即便是两三岁的孩子也需要了解哪些是可被接受的行为、哪些是不可以被接受的行为。设立简单的行为准则，并始终如一地应用它们。

- 努力让你的孩子笑起来。故意扮傻，陪他们玩滑稽的游戏。小孩喜欢被追逐，建议在房子里收拾出一条小路，这样就可以放心地和孩子追逐打闹了。

- 不要催促你的孩子。尽管他们总是在动来动去，但并不善于"麻利"地做事，催促可能会导致他们"崩溃"。给你自己和孩子足够的时间去准备郊游等活动。

- 安排固定的睡眠活动，保持规律的作息时间。如果你的孙子、孙女只是偶尔来探望你，也要试着为他们提供相同的睡眠环境（房间、大床或婴儿床）。

3~5岁

3岁孩子的生活中充满了乐趣与惊喜。相比以往，他们更能控制自己的情绪，尽管还是会有发脾气的时候，而且当与同龄人或兄弟姐妹发生冲突时，他们仍会寻求你的帮助。上一秒还是快乐自立的乖孩子，下一秒就可能摇身一变，变回原先被照顾的状态。语言能力的快速发展意味着他们能够用言语来表达自己的情感，因此，这个阶段孩子的语言表达能力往往会提高，而行为的表达则会减少。这个年纪的孩子情绪仍然会起伏不定，他们的情绪调节能力在实践、指导和支持下慢慢变得成熟。

对应策略

该年龄段的孩子需要：

- 在一致的规则和惯例的基础上，有独立探索的机会。
- 通过试错创造学习的机会，并在他们失败时给予安慰，而不是总让孩子做"正确"的事。

- 理解和尊重规则。
- 由你亲身示范，通过怎样的行为去表达情绪。
- 你与他们交流感受。比如，"你是否感到不安/生气/悲伤？"，告诉他们可以做什么来改变这种感觉。
- 一起大笑。这个年龄段的孩子喜欢滑稽的歌曲、童谣和笑话。
- 听到积极和称赞的话语。比如，"你真会擦盘子，谢谢！""我喜欢你整理床铺和房间的方式""你对弟弟真是太好了""你真大方，愿意让我玩你的玩具""真听话"等。
- 树立时间观念，学会守时。比如，"你还能玩3分钟，然后就要去洗澡啦"。这有助于防止孩子在不能继续玩耍时闹脾气。这个方法也可以用在看电视上或者看手机时，"最多再看5分钟哦！"。注意，要说话算数，保证5分钟一到就关掉电视或拿走手机，在这一点上，计时器是很好用的。
- 让孩子感觉自己有一个积极的未来，并且让他相信这一点。你可以说"你这么会读书，一定会喜欢上学的！""你这么懂事，老师肯定喜欢你""等你长大了，你想做的都能做好"……
- 保持一致的睡前活动和睡觉时间，这样你的孩子就能拥有好的睡眠。

小结

在孩子学习如何从零开始控制自己的情绪和行为的过程中，行为和行为管理总是具有挑战性的。引导和帮助孩子学会自我控制和自我调节是照顾他们的成年人的责任。如果你经常照顾一个或多个孩子，一定要抽出时间与他们坐下来一起谈谈，就如何应对"挑战时刻"达成一致。重要的是，每个人都需要尽可能地坚持已经商定好的策略。一致性、可靠性和可预测性是健康的、长期的情绪稳定和心理健康的关键。

第四章

肠道与大脑——杜绝垃圾食品

我相信你肯定了解给孩子提供充分营养的重要性。也许你想跳过这一章，因为你相信自己已经拥有了足够的知识和能力为孩子提供最健康的食物，或许你热衷于自己制作美食。可能你也意识到"垃圾食品"不能提供足够的营养，孩子不应该吃太多糖，要尽量少喝碳酸饮料，多吃新鲜水果和蔬菜，均衡摄入碳水化合物和肉类等。那我怎样才能说服你，让你认为这一章值得一读呢？也许我应该问你几个问题。你是否知道孩子的肠道健康会影响他们的大脑、学习和行为？你是否知道肠道有"漏洞"？你是否知道今天的孩子比过去的孩子更容易出现食物过敏和不耐受症？你知道孩子不耐受的食物往往是"健康食物金字塔"上推荐的"健康、新鲜"的食物吗？如果答不上来，那你就继续往下看吧！

首先我们来看看肠道和大脑的联系吧！

肠道和大脑

你可能认为这是一对奇怪的组合，但是孩子的思维和行为是否良好，不仅与他们摄入的食物有关，还可能与肠道吸收身体必需营养素并输送到身体和大脑的能力直接相关。在过去20年里，越来越多的研究揭示了肠道对大脑的直接影响。

人体的消化道，也就是人们所说的肠道，简单来说，它是连接口腔和肛门的一根长管子。它的关键作用是运输食物，将食物捣碎、分解并吸收身体所需的营养物质，然后排出难以消化的残渣。

在母体妊娠期的最后15周，胎儿的肠道迅速发育，并一直持续到青少年后期。宝宝在出生时就可以消化和吸收母乳中的营养物质。然而，在胎儿出生之前，肠道一直"安置"在无菌环境中。因此，为消化更多复杂的食物，它需要细菌的帮助。在接下来的两年里，出生过程和周围环境会迅速增加肠道中的细菌。当肠道成熟时，它将携带1500多种不同种类的细菌。事实上，人类肠道中的细菌数量是身体其他部位的10倍。

肠道细菌有着非常重要的作用，它们不仅能分解食物，产生维生素 K 和维生素 B 来促进人体免疫系统的发育，还能产生抗菌物质，在肠壁上形成保护层，使身体免受危险病原体的侵袭。血清素是一种"让人感觉良好"的激素，与人的情绪或幸福感相关，多巴胺（一种神经递质）则与动机、兴奋有关。这两种物质也在肠道中产生，然后被运输到大脑。孩子肠道中的细菌种类取决于出生的方式和出生后的喂养方式。自然分娩的宝宝肠道菌群和母亲产道的菌群相似，剖宫产宝宝的菌群则与母亲皮肤的菌群相似。有趣的是，人们发现，无论住在哪里、母亲吃什么食物，所有母乳喂养的宝宝都与母亲拥有相同的肠道细菌种类。母乳能为宝宝提供细菌及细菌生存所需的养分，对肠道菌群有着重要作用。因此，当宝宝断奶时，他们的肠道菌群已经接近成人形态。而非母乳喂养的宝宝的肠道菌群与母乳喂养的宝宝完全不同，甚至与他们的父母也完全不同。一旦他们断奶，食用固体食物，肠道细菌就开始出现区域性（局部性）的变异，变得与父母的菌群相似。

无论是儿童还是成人，肠道细菌均会因生活方式而改变，如运动、吸烟、喝酒和污染，以及因食用会引起肠道刺激或过敏反应的食物而引发慢性炎症。疾病和压力也会影响肠道细菌。使用抗生素治病不仅能杀死致病细菌，也会杀死许多消化和健康肠道功能所需的肠道细菌。使用抗生素治疗后需要两周到两个月的恢复期，这为其他微生物或病原体的过度生长提供了可乘之机。抗生素也经常出现在我们所吃的食物中，所以我们总是在破坏肠道细菌和身体健康。

同时，肠道菌群也在一代一代地恶化，因为它们是从外婆传给女儿再传给孙子、孙女。这几代人以来，影响肠道菌群的抗生素、垃圾食品、化学物质和毒素的摄入量都有所增加。现在孩子们的肠道功能变得越来越不好，与以下因素有关：

- 我们吃的大多东西中都含有抗生素。
- 母亲在分娩期间或产后服用抗生素。
- 奶粉喂养增多。
- 所有加工食品中都含有添加剂和防腐剂。
- 日常饮食中加工食品越来越多。
- 抗生素、垃圾食品、化学品和毒素泛滥，导致人体的肠胃功能一代不如一代。
- 受到环境中的化学物质影响，尤其是在加热或微波时从塑料中泄漏的化学物质。
- 饮食"过于干净"，不利于维持肠道细菌数量，也不利于儿童免疫系统的发育。

这意味着新诞生的一代人可能会有更多的肠道和免疫系统问题，以及食物"不耐受"和过敏问题，因为肠道没有像应该的那样接触细菌，也没有"充满"细菌。剖宫产的宝宝比顺产的宝宝更容易对食物过敏。

研究发现，被诊断为自闭症和自闭症谱系障碍（ASD）的儿童的肠道细菌数量和种类较少。他们缺少其他儿童所有的某些种类的细菌，但目前还不能确定这是受生活环境影响，还是受疾病影响。据观察，肠道功能较差的自闭症儿童，症状更为严重。他们注意力不集中，会出现更多的挑战性行为。换言之，肠道功能的好坏可能会影响人体大脑的功能。肠道功能也可能与幼儿大脑的发育相关，人们目前正在积极研究这一课题。

能够确定的是，婴幼儿所处的环境会影响其肠道功能。营养不良和肠道健康状况不佳的儿童可能会在学习上出现困难，表现出不良行为，无精打采，精力不济；或者完全相反——过度活跃。他们可能患有肥胖症，或者营养不良、发育不良，无法茁壮成长，抑或容易感染疾病，降低了定期参与积极运动的可能性，导致大脑缺少必要的发育经历。营养不良和肠道不健康还会影响孩子的睡眠模式和他们的社会发展，使他们不能够理解别人对他们的期望。他们的表现可能会类似于患有特殊发育障碍的儿童，如患有多动症、强迫症和自闭症的儿童，甚至比他们更为严重。

肠道渗漏

肠壁是身体其他部位的屏障,控制着进入血液的物质。当肠道受到严重损害时,肠壁就会渗漏,本不该进入身体的食物、毒素和细菌就会乘虚而入。这些物质会被人体防御系统认定为"外来物",并产生抗体来对抗这些本是无害的食物。这就是食物过敏的原因。

这些"外来物"有时会穿过血液和脑部之间的屏障,刺激发育中的大脑。诸如睡眠不良、易怒和暴躁等行为问题,往往是孩子"肠道渗漏"最明显的迹象。

可能引起肠胃和大脑问题的食物

孩子的肠道功能不好,身体就会无法接受那些通常被视作"健康"的食物。食物不耐受不是过敏,相反,它是身体对食物中的天然化学物质或添加到食物中的人造化学物质的反应。虽然它也会影响孩子的行为和发育,但不像过敏那样严重。过敏是免疫系统对某些食物的反应,严重的过敏需要医学监测和干预。本章接下来的部分讲的是食物不耐受。因为如果你的孩子食物过敏,那么以其严重程度而论很可能已经在接受专业的治疗了。

环境中的化学物质

孩子的肠道和大脑不仅会受到食物的影响，还会受到摄入的化学物质的影响。这些化学物质在他们生活的环境中随处可见。大多数人已经十分了解环境中的化学物质对大脑和身体的影响，比如口咬胶和玩具中的聚氯乙烯（树脂的一种）、石棉和含铅涂料。现在大多数国家都禁止使用这些材料，但危险的化学物质远不止这些。

苏黎世大学神经科学家和内分泌学家沃尔特·利希滕斯泰格博士认为，现在的孩子接触到的环境中的有害化学物质水平可能比 50 年前高出 400 倍。美国一项大型研究发现，2～4 岁的儿童最容易接触到新鲜食物中的有害化学物质。用于保护食物免受虫害的杀虫剂就是罪魁祸首，它会污染儿童常吃的食物，比如西红柿、桃子、苹果、辣椒（胡椒）、葡萄、生菜、花椰菜、草莓、菠菜、乳制品、梨子、青豆和芹菜。美国儿科学会的政策声明也注意到了这一点，并引起了人们对食物的包装材料中化学品的额外毒性的担忧。虽然有关这些化学物质对儿童身体和大脑发育影响的研究还很有限，但以小鼠和大鼠为研究对象的实验表明，杀虫剂、杀菌剂和一系列与塑料有关的化学物质（尤其是邻苯二甲酸盐和双酚 A）会危害肠道和大脑健康。它们会抑制身体产生所需的激素，进而影响身体保持平衡和稳定的功能。人们发现，当塑料受热时，会释放出作为软化剂的邻苯二甲酸盐和双酚A，改变雄性和雌性后代的行为模式。尽管不同的化学物质对两性有着不同的影响，但研究发现，总体来看，化学物质会使人的攻击性增强，抑郁率提升，并导致人的注意力无法集中，情绪控制和抑制能力下降。

天然食品中的化学物质

被认为是健康的食物也可能对孩子造成危害，特别是在大量摄入的情况下，比如，孩子在一整年的时间里每天都在摄入相同的食物。新鲜的食物现在已经可以保证全年供应，而不是季节性供应，但这加剧了食物中化学物质的积累，增加了儿童食物不耐受的可能性。食物不耐受可能是由食物中一种或几种不同的天然化学物质引起的，其中最常见的是水杨酸、胺、谷氨酸、乳制品和麸质。

- 水杨酸天然存在于西红柿、草莓、猕猴桃、鳄梨、葡萄干等果干、柑橘、菠萝、花椰菜、番茄酱和橄榄油中。
- 胺这种天然物质，尤其存在于蛋白质食品中，如奶酪、巧克力、鱼罐头和加工肉类。
- 谷氨酸天然存在于调味奶酪、酱油、酵母提取物、水解植物蛋白、汤、酱汁、肉汁、调味品中。人们对这些食物的反应就类型和严重程度而言，可能很不相同。
- 乳制品不耐受是由牛奶制品中的乳糖（奶糖）引起的。如果孩子乳制品不耐受，首先表现为喝牛奶后肚子不舒服，排出的大便稀且臭。孩子的眼周还可能出现黑眼圈，情绪易波动，容易生气、愤怒，并有行为问题出现。
- 麸质是存在于小麦、黑麦、大麦和燕麦中的蛋白质。麸质不耐受（或更严重的腹腔疾病）可导致腹痛、腹胀、便秘、腹泻、体重减轻和呕吐。它也会影响大脑功能，导致孩子注意力不集中，容易疲劳，情绪上更"脆弱"。

食品添加剂：香料、色素和防腐剂

食品添加剂是为了改善食品的颜色、外观、味道、质地，延长食品保质期，防止食物腐坏而添加到食品中的物质。有些添加剂能防止食物腐烂和细菌污染，因而有必要在食物中使用；有的则没有营养价值，如色素和调味品。2007年，英国著名医学期刊《柳叶刀》（*The Lancet*）发表了一项重要的研究结果，研究指出，两个年龄段的儿童常常过于活跃：3岁和8～9岁的儿童。参与研究项目的儿童都是没有被正式诊断为多动症的"正常"儿童，但他们中的许多人在摄入了6种特定的食物色素后出现了多动症症状。因此，英国和欧盟呼吁各国自发性地禁用这6种食用色素。澳新食品标准局（FSANZ）是澳大利亚和新西兰两国的食品管理局，它认为这项研究不够令人信服。因此，不同于北半球国家，澳新两国建议维持原有政策，尽管越来越多的证据表明，成千上万家庭的孩子（和家长）正在遭受食品添加剂的一系列影响，包括：

- 易怒、烦躁、入睡困难。
- 情绪波动、焦虑、抑郁、惊恐。
- 粗心、注意力不集中或易疲劳。
- 语言能力发育迟缓、学习困难。
- 湿疹、荨麻疹和其他瘙痒性皮疹。
- 食物反流、胃痛、腹胀、便秘或腹泻、失禁、稀便、尿床。
- 头痛或偏头痛。
- 经常感冒，患支气管炎、扁桃体炎、鼻窦炎；总是鼻塞或流鼻涕、清嗓子、咳嗽或哮喘。

然而，尽管越来越多的证据表明某些化学物质可能对儿童有害，但是食品中的化学物质添加量却有增无减。婴幼儿的身体和大脑仍在发育中，更容易受到伤害，人们非常担心长期摄入这些添加剂会对身体有害。添加到食品中的化学物质多达数千种，其中许多都没有经过单独的毒性测试。更确切地说，没有对儿童长期摄入某种化学物质的前后进行过对比研究。

如何促进孩子的肠道健康

幸好还可以通过调整饮食来改善肠道菌群。神经外科医生和营养专家娜塔莎·坎贝尔-麦克布莱德博士研究发现，改变孩子的饮食，只摄入天然的新鲜食物（水果、蔬菜、肉类以及部分谷物）可以对神经健康和发育产生巨大的积极影响。

健康的饮食对孩子的肠道、身体和大脑健康至关重要。如果你觉得孩子确实有肠道问题，有许多专家（营养学家和营养师）都可以帮助其恢复肠道健康。重点要放在恢复肠壁的健康上，稳定和促进其正常的功能和发育。儿童改善肠道菌群比成人容易得多，如果肠壁愈合得早，孩子就能够及时发育，并克服行为上的困难。

如果你担心孩子出现行为和学习问题，和孩子的父母谈谈，询问他们是否考虑对孩子进行水杨酸、胺、谷氨酸、乳制品和麸质的耐受测试。父母最好向专门从事这方面工作的营养学家或营养师寻求帮助。

如果孩子喜欢大量摄入某种食物（如葡萄干或草莓等），并且孩子的父母对此忧心忡忡，可以考虑与孩子的父母商量，将其和同类食物从饮食中去除。儿童通常对多种食品化学物质不耐受，所以你可能需要不断地"测试"一种又一种的化学物质，直到找出所有让你的孙子、孙女不耐受的食物。奇怪的是，一些过度活跃、性情暴躁的儿童反而对不含化学添加剂、人工色素、香料、防腐剂和糖的食物严重不耐受。还有一些孩子不吃某些更为"天然"的食物群就可以避免不耐受的情况出现，比如含有水杨酸的食物，这是最常见的会引起不耐受反应的食物群。

儿童营养学家或营养师可能会推荐益生菌来替代肠道正常的细菌，这取决于孩子具体的肠道问题。市场上有专供儿童使用的产品。营养学家和营养师还会建议给孩子补充维生素和矿物质，因为肠道有问题的儿童可能不容易吸收大脑和身体所必需的维生素和矿物质。

阅读食物标签，避免食用含食品添加剂和防腐剂的食物。

避免食用加工食品和快餐，包括合成肉。一种食品越不新鲜，通常含有的添加剂和防腐剂就越多，营养流失得也越多。也就是说，最好食用不含添加剂的食物，即新鲜的或冰鲜的（不是冷冻的）、未经加工的食物。"如果那东西看起来连老太太都不会吃，那就别吃"，这句俗语仍然非常适用！

食用前将新鲜的水果和蔬菜仔细清洗几遍，不要只是在水龙头下简单地冲洗。大部分蔬果在采摘前被多次喷洒过防病虫害的化学物质，这些农药会"粘在"食物表面。研究发现，去除新鲜食物中的化学物质的最好方式是：在3升水中加入1汤匙盐或30克小苏打，将水果和蔬菜在其中浸泡15～20分钟，然后用流动的清水冲洗干净。还可以用水或柠檬汁来清洗味道鲜美的水果，比如覆盆子和蓝莓。

断奶后，孩子要多喝水。如果可以的话，请对饮用水进行过滤。城市里供应的大部分水中都含有防虫的化学物质，这虽然管用，但对孩子的身体发育是不利的。通过过滤，可以去除许多化学物质，避免孩子摄入。一些城市会向水中添加氟化物，来帮助保护儿童的牙齿健康。对这种做法的评价褒贬不一，本书暂不讨论。但需要知道的是，使用质量较好的过滤器，如反渗透过滤器，可以滤除水中的氟化物。在水龙头上或水壶里装活性炭过滤器通常只能过滤掉氯和沉淀物，改善口感。

尽量避免孩子喝高糖、调味、色彩鲜艳的碳酸饮料和运动型饮料，提供适量的纯果汁。孩子如果能直接吃水果，那最好不过了。复原果汁饮料通常含有防腐剂和其他化学物质，如色素和香料。

对于有幼儿的家庭，美国儿科学会关于食品添加剂和儿童健康政策的进一步建议是：

- 避免用微波炉加热有塑料包装的食品或饮料，包括婴儿配方奶粉和母乳。
- 避免在洗碗机中放入塑料。
- 尽量使用塑料的替代品，如玻璃或不锈钢。
- 查看产品底部的回收代码，辨别塑料类型。避免使用回收代码为3（邻苯二甲酸酯）、6（苯乙烯）和7（双酚）的塑料。塑料若标有"生物安全"或类似标签，表明是由玉米制成，不含双酚（各国的回收代码可能不同），可以使用。
- 鼓励在处理食物和饮料前洗手。

小结

孩子的大脑工作效果如何取决于其肠道功能。即使你的孩子非常聪明，如果肠道功能不好也就意味着他无法充分发挥其学习的潜力。不良行为往往是孩子肠道健康出现问题的第一个迹象。你有必要与孩子的父母一起，花时间研究食物或化学添加物是否有问题。一旦问题解决了，饮食也相应改变了，孩子就会更快乐，也能更好地享受童年时光。

第五章

孩子和你都要睡好

孩子有很多时间都用在睡觉上。这种长时间的睡眠满足了其身体快速发育、密集的大脑活动与情感学习的需要。在过去的 20 年里,有关睡眠的研究呈爆炸式增长。结果表明,安稳的、长时间的、规律的睡眠是身体和情绪健康的关键。但是,我们必须得面对现实:新生儿最不可能做到的就是睡个好觉!宝宝时断时续的睡眠是否会对其发育产生不利影响?这会影响到父母的健康吗?

尽管我已经见证了睡眠不足给儿童和家庭带来的许多影响,但我并不是这方面的专家,所以让我们看看科学能告诉我们什么。

为什么睡眠有益于大脑和身体

马修·沃克教授是一位从事睡眠研究多年的神经科学家。他整合了自己和其他专家的研究成果，出版了《我们为什么要睡觉：意识、睡眠与大脑》（*Why We Sleep: Unlocking the Power of Sleep and Dreams*）一书。书中，他有力地论证了良好的睡眠并非是可有可无的，而是如同食物和运动一样，对人体大脑和身体的功能和运行至关重要。而且，睡眠时间也要够充足：成年人至少需要8小时，而孩子则需要睡更久。良好的睡眠使身体得以休息，这样大脑才能够正常工作，以保持协调，接受新的经验，巩固重要的记忆，更好地面对第二天的情感和社会挑战。研究发现，睡眠对儿童的行为和发育尤为重要。

身体在睡眠时的状态令人惊异。当身体处于休息状态时，心率和呼吸频率下降，肌肉放松，肠道运动减慢，人体开始对周围发生的事失去感知。大脑开始了重要的日常"清洁"和"整理"工作，为第二天接收新信息做好准备。其间，免疫系统重新焕发活力，食欲得到调节，血糖水平得到稳定，肠道中的细菌水平得到维持，身体为发挥最佳功能蓄势待发。以下信息对孩子大脑和身体的发育很重要：

- 睡眠能够不断调整大脑结构。在睡觉时，大脑能够在

"离线"状态下进行自我重组。它似乎在整理一天的信息，将部分信息发送至长期记忆进行存储，增强大脑不同部位之间的神经连接，同时丢弃不需要的信息，并移除不使用的神经通路。

- 在睡眠期间，神经（大脑）活动减缓，流向头部的血液减少。一种叫作脑脊液（CSF）的液体通过"排水管"（淋巴系统）进出，清洗大脑。这样可以清除由大脑中神经元产生的废物，否则这些废物会堆积并刺激大脑，导致神经系统出现问题，长此以往就会演变为阿尔茨海默病。

- 睡眠可以使记忆得到巩固，新接收的信息和新学习的技能会被分类并"归档"到大脑的适当区域，进而促进儿童观察和解决问题的能力。即使在白天只是小睡片刻，也有助于记忆的巩固。

- 睡眠有助于巩固新学到的技能，孩子在15个月大的时候就可以回忆起简单的任务。研究发现，睡眠质量好且时间长的学龄前儿童能更准确地回忆起新学会的技能。

- 睡眠对建立长期记忆至关重要。孩子睡得好有助于巩固和加强动作技能。我孙女说她白天和晚上都在骑她的两轮自行车。很明显，在她睡觉的时候，她的大脑也忙于巩固骑自行车这一新技能所需的动作、平衡感和协调能力。她甚至还记得自己的梦!

- 负责恢复重要神经(信息)通路的基因只有在睡眠时才会开启。睡眠时间缩短或睡眠中断不仅会影响该基因的活性,还会影响新陈代谢和免疫系统。研究还发现,睡眠不足会破坏人体遗传物质的物理结构,影响个人终身的健康和幸福。

- 规律且良好的睡眠有助于塑造良好的行为,减轻压力和焦虑。睡眠不足会增加对情绪压力源的反应,而良好的睡眠可以恢复大脑内情绪中心的平衡,特别是海马体、杏仁核和前额叶皮层。睡眠还可以重新处理情绪体验,并为将来的情绪反应做好准备。

- 规律且良好的睡眠对于长期学习和行为发展有积极影响。

- 优质睡眠对婴幼儿来说尤其重要,因为它对儿童早期感官发育、初级感觉系统永久性的建立有重大影响。需要睡眠才能健康发育的感官系统包括触觉、运动觉、方位感、听觉、嗅觉和味觉,它们是儿童了解自己和周围世界的关键途径。

- 研究发现,一个晚上的良好睡眠能使提出新创意和解决方案的能力提高3倍。

- 研究发现,睡眠时间较长的儿童智商较高,在学校的表现更好。

婴幼儿需要睡多久

儿童和成人都需要良好且安稳的睡眠。婴幼儿需要的睡眠时间几乎是成人的两倍。表 5-1 概述了儿童在各个年龄段所需的基本睡眠时长。

表 5-1　儿童在各个年龄段所需的基本睡眠时长

年龄	健康大脑所需的睡眠时间
4 个月以下	14 ~ 17 小时
4 ~ 12 个月	12 ~ 16 小时
1 ~ 3 岁	11 ~ 14 小时
3 ~ 6 岁	10 ~ 13 小时
7 ~ 12 岁	10 ~ 11 小时
12 ~ 18 岁	9 小时
18 岁以上	8 小时

像婴儿一样入睡

宝宝需要大量的睡眠时间,最好能达到每天 14 ~ 17 个小时,因为他们的大脑和身体在快速发育中消耗了大量的能量。不过,据报道,宝宝的睡眠时间和睡眠质量像宝宝自己一样多变。有些宝宝在出生后很快就拥有了规律的睡眠—醒来—喂养—睡眠周期；而有一些宝宝需要更长的时间来找到自己的"节奏"；还有一些宝宝则更麻烦一些，睡眠稀缺且短暂。科学告诉我们，宝宝三四个月大时，他们体内的24小时时钟或昼夜节律才发育到足以让宝宝开始适应一种对家庭更"友好"的模式；直到他们12个月大时，这种节律才完全成熟。到4岁左右，昼夜节律引导着孩子的睡眠行为，大多数孩子都能在晚上整夜安睡，白天可能会再小睡一会儿。

好消息是，虽然宝宝会因喂食而中断整晚的睡眠，但还没有迹象表明这会对其发育产生影响。在宝宝出生后的几个月里，父母因睡眠不足而遭受的痛苦可能更大，而且当他们努力应对自己的睡眠不足时，却发现脾气越来越坏或者沮丧情绪越来越严重。你作为祖父、祖母，有时间的话，在这几个月里，你能做的最棒的事就是帮助他们处理家务，或者照顾已经比较大的孩子，这样孩子的父母就可以在宝宝睡觉的时候多睡几个小时。

你的女儿或儿媳将决定宝宝睡在哪里。她可能会决定与宝宝一起睡，或者她可能会让宝宝单独睡在摇篮里或婴儿床上。两者都有利弊，需要孩子的父母来做决定。如果让宝宝睡在一张单独的床上，床垫应该坚实，床单也要紧实贴合，宝宝必须能够在上面稳稳地平躺。安全座椅、婴儿车、婴儿背带和婴儿秋千不应用在日常的睡眠中，因为蜷缩的姿势可能会影响呼吸。安全座椅只能在车内使用。如果你要给孩子买一个摇篮或者类似的东西，我强烈建议你购买带摇摆功能的。摇摆的动作有助于刺激宝宝的前庭系统，安抚宝宝情绪，帮助你的孩子睡得更香且更久。

强烈建议让宝宝仰卧睡觉。研究发现，仰睡可以降低婴儿猝死综合征（SIDS）的发生概率。虽然安全睡眠运动（以前被称为"仰睡运动"）大大降低了 SIDS 的发病率，但随着宝宝在睡觉时因受到惊吓而"醒来"，睡眠问题也变得严峻了。在宝宝 8 周大时，他们开始形成一种自动的原始反射：莫罗反射，即宝宝能对突然的动作、光或声音快速做出反应。它会导致宝宝手臂向外张开，呼吸变得急促，并开始哭泣，从睡眠中惊醒。为防止这种情况发生，人们发现用襁褓包裹住宝宝可以减少因莫罗反射导致宝宝从睡眠中醒来的次数。

如果你的孩子在襁褓中睡得比较好，要记得等他醒来后将襁褓拿开。因为襁褓会限制宝宝的活动，减少宝宝学习如何行动的时间。一旦宝宝能够自己翻身，就不应该再用襁褓包裹宝宝睡觉了。宝宝醒着的时候，光脚和不戴手套的活动时间是很重要的，这不仅能够降低宝宝因仰睡太久可能出现后脑勺扁平的概率，还能让他们自由地将脚趾伸进垫子里，扭动手指，移动四肢，发展肌肉力量，为移动做好准备。

有些宝宝可能不像其他宝宝那样容易适应。许多宝宝的肠道可能尚不成熟（见第四章"肠道与大脑——杜绝垃圾食品"），不能很好地适应摄入的牛奶，这就会引起我们通常所说的"疝气（绞痛）"。摄入母乳或婴儿配方奶粉都有可能导致疝气。剖宫产出生的宝宝尤其容易患疝气，因为他们在出生时没有接触到自己母亲的产道细菌。虽然大多数宝宝的肠道在 6～8 周大时就基本发育成熟了（人们发现睡眠有助于这一过程），但有的宝宝还需要额外的帮助。也有可能你的孩子会出现食物过敏或不耐受的情况，考虑到他们这一代人的发病率在不断上升，你必须认真对待。医生可能会推荐"婴儿益生菌"来给孩子肠道"补充"正确种类的细菌，母乳喂养的母亲可能会被建议停止食用某些已知的会导致宝宝疝气的食物，如乳制品、柑橘、咖啡因、有核水果及某些香料和蔬菜，如甘蓝、卷心菜和花椰菜。你需要尽快解决宝宝食物过敏和不耐受的问题，越早掌握这些知识，越能让家里的每个人都尽早放心，过上自在的生活。

睡眠、行为与学习

关于 1 岁以上幼儿睡眠不足的报道不容乐观。你的孩子睡觉的时间和质量，对其行为和学习都有长期和短期的影响。在所有年龄段的儿童中，持续性的睡眠不足将引发孩子更频繁的闹脾气或情绪崩溃的情况出现，还会增加焦虑、注意力缺陷、攻击性、欺凌和行为问题的出现概率。

人们认为，睡眠减少或中断，尤其是在发育的关键时期，可能会对孩子一生的健康产生重要的影响。研究表明，睡眠时间较短的幼儿（1~2岁）在2岁时的思维和语言能力较差。研究发现，与白天的睡眠时间相比，夜间的睡眠时间对发育中的大脑影响更大。此外，睡眠不足还会产生累积效应，因此，一个经历了几年不规律的就寝时间和糟糕的睡眠质量的孩子在学校里更有可能出现学习问题，在青少年时期更容易滥用药物和酗酒。睡眠不足已被证明会对注意力、冲动控制、活跃性、工作记忆、推理能力和情绪控制能力产生不利影响。

一项针对近9000名学龄前儿童的研究表明，那些平均每晚睡眠时间少于9小时的儿童更容易冲动，与睡眠较多的同龄人相比，愤怒、多动和发脾气的可能性更高。睡眠较少的儿童表现出攻击性的可能性也比同龄人高出80%。虽然这项研究不能证明睡眠不足会影响行为，但研究结果确实表明，睡眠时间对儿童的健康和幸福至关重要。另一项研究发现，平均每晚睡眠时间少于9小时44分钟的儿童（占受试者总数的11%）被检出患有6种行为问题的概率高于每晚睡眠时间较长的儿童。这6种行为问题包括攻击性、发脾气、冲动、愤怒、烦扰他人和多动。

同一项研究还表明，幼儿时期不规律的睡眠时间会影响其思维和学习的发展。特别值得注意的是，3岁时不规律的就寝时间与儿童7岁时的阅读、数学和空间能力得分较低有关。此外，这种影响是累积性的，因此，多年来睡眠不规律的孩子在学校更有可能表现不佳。

另外值得注意的是，许多被诊断为自闭症或多动症的儿童经常难以入睡，也很难保持安稳的睡眠状态。沃克教授认为，多动症的症状与睡眠不足的症状完全相同：无法保持专注或集中注意力、学习困难、产生行为问题、情绪不稳定。他进一步指出，给患有多动症的儿童服用药物会导致更多的睡眠问题。这些药物是众所周知的兴奋剂，已被证实能够阻止睡眠，并保持大脑清醒。尽管他审慎地指出，这种说法可能不适用于每个病例，但我们必须要严肃地对待睡眠，因为它既是加重病情的因素，又是治疗的手段。

孩子不愿意睡觉或睡不好的原因有很多。儿童有时会因腺样体或扁桃体肥大而出现睡眠呼吸障碍。在以前，会通过手术切除扁桃体，但现在的治疗倾向则更加保守（也就是说，孩子们只能在这种情况下成长）。不幸的是，扁桃体肥大会阻塞一部分气管通路，从而减少睡眠时输送到大脑的氧气量，孩子们不得不醒来做几次深呼吸（旨在补充氧气）。这不仅阻止了孩子进入深度睡眠阶段，还影响了大脑完成夜间的工作，导致长期睡眠匮乏。最终往往会出现与多动症相似的症状。切除扁桃体的肿胀部分可以显著改善睡眠质量，症状通常也会自然消失。至于如何判断你的孙子、孙女是否有这个问题，如果他们打呼噜很响，那就要注意了！

有时候，孩子们不去睡觉，是因为他们担心会错过什么，尤其是当他们对周围发生了什么越来越了解时。如果学步儿或学龄前儿童认为自己会错过什么乐趣，就会拒绝睡觉。他们也可能只是单纯的不困，如果一个学龄前的孩子白天睡了一觉，那么到了晚上通常的睡眠时间时他可能就不困了。另外，在一个不熟悉的环境中，或者由不熟悉的人照顾时，孩子的睡眠也有可能被打乱；食物不耐受导致的肠道疼痛或紊乱、单纯的饿了或渴了，以及身体不适或膀胱充盈，都可能导致睡眠中断。压力和焦虑也会对入睡和睡眠质量产生重大影响。

睡眠不良

高度焦虑的婴幼儿通常会更难入睡和保持睡眠。缺乏安全感的宝宝，以及母亲在怀孕期间（特别是在生产前 12 ~ 15 周）压力较大的宝宝，其血液中的应激激素水平可能更高，更难放松和入睡。

这些宝宝的莫罗反射在其出生 8 周后可能仍较为活跃。莫罗反射是对危险的原始反射反应。它的目的是帮助宝宝在生命的最初几周存活下来。它是最早的关于"战斗或逃跑"的反应，会引起应激激素皮质醇迅速唤醒身体。如果母亲在怀孕期间压力很大，她的皮质醇水平就会升高，宝宝的皮质醇水平也会随之升高。这些宝宝对压力更敏感，可能会使其皮质醇水平居高不下，而不是在压力事件过后迅速下降。宝宝过了8周后，莫罗反射继续被激活，他们仍处于"高度警惕"状态，这使其睡眠变得更加困难。这些宝宝始终处于高度警觉状态，他们的感官也会高度警觉，他们可能对触觉、光、声音或运动高度敏感，这意味着他们对粗糙的床单、睡衣上的标签、闪烁的灯光、空调或风扇的嗡嗡声、在床上翻滚的感觉都会产生强烈的反应，这使得他们很难入睡和安睡。

如果你的孩子感到焦虑、烦躁不安、无法入睡，那就试着安抚他们的情绪吧。除了爱和拥抱，还有其他几种帮助方式：

- 考虑孩子的饮食。他们是否对某些食物不耐受？食物不耐受会刺激肠道、大脑和情感系统。
- 头部突然移动、触碰、光线和声音都会激活莫罗反射。在感官系统特别是前庭系统的干预下，莫罗反射可以得到平复与调节。前庭系统对身体的平衡以及对重力和位置的反应十分重要。促进前庭系统成熟的活动也有助于抑制莫罗反射，例如晃动、摇摆、旋转和滚动。
- 按摩能刺激触觉，让孩子平静下来，帮助减少其血液循环中的应激激素。按摩可以作为孩子睡前活动的一部分。在按摩前洗个热水澡也能帮助孩子镇定下来。
- 白天的运动机会至关重要。运动有助于孩子前庭系统的成熟，促进"感觉良好"激素内啡肽的产生，并减少应激激素的分泌。

梦和梦中的"怪兽"

胎儿很可能在母亲怀孕期间的最后两个月开始做梦。但是一般而言，我们无法知道孩子做梦了，直到他们能够清晰地告诉我们。我的孙女是在大约 3 岁的时候，在某天早上醒来跟她妈妈说，她一直在"眼皮里看电视"！她前一天在图书馆读到了丛林动物的故事后，就一直梦到那些动物。

梦是睡眠中非常重要的一部分。做梦时，大脑在整合记忆，将记忆从短期存储系统转移到长期存储系统，以便在需要时能被提取出来。这一时期被称为快速眼动睡眠期，在整个晚上断断续续地发生，在清晨达到高峰。快速眼动睡眠被认为是长期记忆、学习、创造力和情绪调节的基础。

孩子们在白天释放自己的想象力，因此晚上的梦也会充满想象力。由莫里斯·桑达克创作的畅销童书《野兽国》(*Where the Wild Things Are*)就生动地讲述了小男孩麦克斯做了一个满是怪兽的梦境。麦克斯性情乖张，一次恶作剧后，妈妈将他赶进卧室睡觉，不准他吃晚饭。在梦里，他乘着小船漂流到了满是野兽的地方，这里到处都是张牙舞爪的怪物，他和可怕的野兽共舞。最终，他又漂回了自己的家，想必这时他睡得很香。正如科学告诉我们的那样，他醒来后心情也会变好。我的孙女一开始很享受在"眼皮里看电视"的做梦阶段，但在随后的几个月里，她就会在夜里又恐惧又难过地醒来，因为有"奇怪的东西"入侵了她的梦。早上醒来时，她并不记得这一切，快乐而积极的一天又开始了。如果孩子晚上总是不睡觉，你应该想一想是否是因为孩子经常做噩梦，在晚上感到恐惧。女孩比男孩更容易做噩梦。据报道，高达75%的学龄前儿童和学龄儿童会做噩梦，有些孩子做噩梦尤为频繁。

人们认为噩梦表明大脑在试图理解大量的新信息，并将前一天记忆中"好"与"坏"、"有用的"与"零碎的"、"必须保留的"与"需要丢弃的"做区分。怪诞、奇妙和荒谬的想法笼罩着大脑，折磨着我们，即使是成年人也会经历噩梦。

尽管噩梦是健康、正常大脑的一部分，但在任何时刻，发生在孩子身边的事情都会让噩梦变得更可怕。压力大肯定会加剧噩梦。如果孩子和你在一起过夜，他可能会害怕与你分开。孩子对不同的睡眠环境会感到陌生，不熟悉的噪声、灯光、影子和夜里的动静都可能会让他们产生极大的恐惧。虽然大多数孩子在长大后都不再做噩梦，但噩梦还是可能会持续到童年中期，影响孩子的睡眠、学习和行为。长期高度焦虑的儿童更容易持续地做噩梦。

此外，睡前看电视或手机等数码产品的孩子更可能噩梦缠身，特别是如果他们看的节目中有可怕的情节。即使是动画片或卡通片，也有对孩子来说可怕的地方。

想要帮助减少孩子做噩梦的概率，可以：

- 想想孩子正在吃的食物。食品中的化学物质、添加剂、香料、色素和防腐剂会刺激大脑，增加做噩梦的风险。
- 确保孩子至少在睡觉前两小时不看电视。你可以和孩子一起看电视，这样你就知道他在看什么。仔细看看电视节目，你会惊讶于那些让孩子感到害怕的事物。即使是看上去最"无害"的节目，也可能包含让孩子恐惧的元素。对于书籍也可以采取同样的处理方法。
- 确保房间凉爽，如有需要可以打开风扇。孩子在床上感觉太热的话，睡眠质量会降低，做噩梦的可能性则会增加。所以不要给孩子穿太多衣服，或者盖很多毯子。盖两条毯子好过盖一床被子，这样孩子在睡着时，如果太热的话，就可以踢开一条。羊毛、棉花或竹纤维等天然纤维制成的毯子透气性更好。不要把被子掖得太紧，因为儿童（以及成人）经常会把胳膊和脚踝露在被子外来散热。
- 确保孩子上过厕所后再睡觉。膀胱充盈会使孩子感觉不安，可能会引发噩梦。
- 打开夜灯或门厅灯，这样孩子在醒来后能看到光亮。

灯光要暗，不能是冷色LED灯，它的蓝光会刺激大脑，让孩子误以为是白天。
- 睡前洗个热水澡有助于放松和冷却身体核心机能，为睡眠做好准备。但如果你生活的地方气候炎热，孩子可能更喜欢洗冷水澡。

尿床

人们通常认为5岁以前的孩子尿床是正常的。然而，上学之后还尿床的孩子会有巨大的心理压力，他们害怕和朋友睡在一起。所以，学龄前的孩子还在尿床虽然不是多大的问题，但最好在开学前就解决掉这个问题。

当孩子睡着时，他们的膀胱充盈，但身体机能还没有发育完全，所以无法醒来排尿，就会导致尿床。确保孩子睡觉前上厕所等策略确实管用，但事实上，还有可能是孩子仍然存在一种原始的反射——脊柱格兰特反射，影响其神经系统向膀胱传递信息，才导致尿床。

轻轻抚摸孩子脊椎下端的一侧，造成刺激，就会引起脊柱格兰特反射，这会让孩子的臀部向背部被抚摸的一侧弯曲；触摸另一侧背部，另一侧的臀部就会向被抚摸的一侧弯曲。人们认为这种反射有助于婴儿沿着产道蠕动。当宝宝处于仰卧的姿势时，反射会引起臀部向触碰处弯曲，双腿踢动，从而可以自由活动。这种反射在宝宝 9 个月大的时候会消失。如果其仍然活跃，则会阻碍宝宝对膀胱和肠道的控制。仅仅是被褥轻轻触碰宝宝就可能会激活这一反射，导致宝宝在学会上厕所很久之后还会尿床。

为检测脊柱格兰特反射，你可以让孩子四脚着地，用钢笔沿着孩子下背部的左侧画线，然后在右侧重复这一动作，观察孩子的臀部是否向画线的一侧倾斜。如果是的话，那说明他的脊柱格兰特反射还很活跃。以下是一些活动建议，可以帮助消除这种反射并使宝宝停止尿床：

- 每天按摩孩子的背下部和臀部。
- 玩爬行游戏。爬行有助于臀部的移动，刺激和放松背下部的肌肉。
- 让孩子反复翻身，从一边滚到另一边。把它当作一个游戏，并询问孩子："你能不能像鸡蛋、皮球一样滚来滚去呀？"
- 让强壮的人帮助孩子倒立。这有助于孩子伸展背部肌肉，而且孩子也喜欢上下颠倒的感觉。
- 孩子 3 岁后，可以让他做一些躺卧的运动。例如，握着自己的脚，像翻过来的甲虫一样移动。

尿床也可能是因为压力大或缺乏安全感。关心孩子，让他们感到安全、爱和可信赖，保持生活规律和顺其自然的态度，都对孩子的睡眠质量很有帮助。

如何确保孩子拥有良好的睡眠

- 让孩子多在白天积极运动。每天运动3小时的孩子会更容易入睡且睡得更香。活跃的孩子有更好的睡眠质量和更长的睡眠时间。
- 有规律地就寝。让孩子知道什么时候该睡觉，并坚持这一作息时间。如果孩子只在白天和你在一起，并且还有规律的午睡时间，那么就尽量将这种作息时间固定下来。之后你会注意到孩子的行为举止和应对能力发生了很大的改变，能够更容易地集中注意力和理解事物。
- 保持睡前习惯，这样孩子就知道在你家过夜时会做什么。睡前的习惯可以是吃晚餐、洗澡、刷牙、上厕所、讲故事、拥抱、唱歌和道晚安。
- 尽量有一个固定的睡觉场所，每次都在同一个房间和床上休息。房间要尽可能黑暗，天气热时尽可能保持凉爽。确保床铺舒适，房间安静，适合睡眠。

- 如果孩子有专用的被子，或用来安抚的娃娃或奶嘴，要确保这些东西随时都能找到。一些家庭会使用白噪声来帮助过滤外面世界的噪声。在让宝宝入睡时使用这个方法是可取的，但是实验发现，如果一次播放数小时的白噪声，可能会影响孩子的听力和之后的语言发展。

- 睡前不要让孩子暴露在强光下，比如明亮的浴室。为怕黑的孩子准备一盏夜灯，这样孩子上厕所时就不会看不清。

- 尽量避免在睡觉前的几个小时看任何电子屏幕。

- 阅读睡前故事，使大脑和身体回归自然、平静的节奏。

- 在睡前几个小时，尤其要注意避免喝含糖、含色素的饮料，如软饮料和苏打水。

- 良好的睡眠有助于我们应对忙碌时期遇到的许多挑战和任务。孩子们更需要适量的高质量睡眠，因为他们的大脑正忙着为神经元"牵线搭桥"呢。

第六章

做一个远离科技的"原始娃"

我想有一点毋庸置疑，那就是我们都希望自己的孩子能够掌握良好的沟通与阅读技巧。一个优秀的读者不仅能流利地阅读，而且能理解他所读的内容，并能够对文本进行批判性思考。在假新闻和网络谣言大行其道的当下，批判性思维是一项基本技能。我敢肯定，养成批判性思维的第一步就是交流、语言习得和阅读，而这一切早在你的孩子入学之前就已经开始了——更确切地说，是出生之前。

孩子在多大程度上擅长沟通、聊天的能力以及学龄前掌握单词的数量取决于多种因素，包括遗传、环境、疾病（尤其是影响耳部，从而导致听力受损的疾病）和声音经验。虽然儿童的交流、言语和语言的发展发生在一种可预测的模式中，但儿童掌握这些技能的时间却不一而足。一些孩子似乎很容易"吸收"语言并掌握这些技能,而另一些似乎很难学习语言概念。

有许多游戏和活动可以让你和孩子共同参与,以促进其言语和语言能力的发展。但首先,让我们来分析一下"优秀的沟通者"的构成要素。

言语、语言与交际

人们普遍认为,言语、语言和交际是描述同一种能力的不同方式。尽管这些能力相互联系,但言语、语言和交际从本质上来说截然不同,它们各自对应着一套独特的技能。简言之,言语是我们为了彼此交谈而将字词排列在一起的方式。它是一种基于动作的技能,不仅需要一套在视觉、听觉和口腔感觉系统之间运行的复杂的信息传递系统,而且需要对面部和舌头进行精准的动作控制,使得每个音节都清晰可辨。

语言是一种传递意义的方式。在这种方式中,我们将字词排列成句子,以传递口头或书面信息。它对社会联系和关系建立非常重要。交际是人与人之间交换信息和思想的方式。它也是一种动作技能,可以通过语言或非语言手段进行。口头交际是通过言语和歌唱进行的;非口头交际方式包括读写、肢体语言或手势。

对于负责言语和语言的大脑区域来说，与大脑其他高效运作的区域建立良好的联系十分重要，特别是与运动和感觉区域。说话和学习说话需要非常复杂的运动规划能力和根据内在指令做动作的能力。要发音成词（句），需要喉部、口腔、舌头和嘴唇的特定肌肉运动来发音。

当儿童有语言障碍时，动作发展和语言之间的联系就会显现出来。语言发育迟缓的儿童往往动作发展也迟缓。

口语能力和言语技能、读写能力和学习能力的发展之间也存在联系。3岁的孩子如果出现言语和语言能力的发展迟缓或紊乱，那么他们在日后上学时也往往会面临识字和学习方面的挑战。这是因为当儿童缺乏建立言语和口语技能的坚实基础时，很难掌握编码和解码视觉符号系统（阅读和写作）所需的更复杂的技能。不幸的是，由于大多数学校课程都依赖于儿童的读写能力，所以读写能力弱会增加儿童学业表现不佳的风险。

为你的孩子读故事、唱歌、演奏乐曲、哼唱童谣，都是促进儿童语言发展、奠定其沟通和读写基础行之有效的方法。神经科学家发现，听到并重复字词，随着音乐有节奏地摆动，可以使大脑学会如何进行交流，连接使孩子开口所需的必要神经通路，并促进沟通。一个孩子在人生的前四年读的书越多，他们在上学后的语言和言语能力就越强。

语言和言语能力

儿童需要时间来培养语言技能，从而成为优秀的沟通者，而早期生活是培养语言能力的重要阶段。那些在学龄前经常与成年人直接交谈的孩子，在刚入学时，相比其他孩子拥有更好的语言和沟通能力。因此，不要错失与你的孩子进行大量交谈的机会。不过别忘了，在你说话之后要暂停一下，等他们做出回应，让他们有机会练习语言技能。这种"轮到我说，轮到你说"的对话方式是鼓励孩子从出生开始就发展言语和语言能力的一种好方法。

0～7岁是大脑强化语言习得能力的"关键时期"，此时大脑对声音的接受度更高。这意味着孩子在幼年时比他长大后更容易学习语言。更具体地说，大脑在儿童11个月大之前最容易接受声音。华盛顿州立大学的著名心理学家帕特里夏·库尔博士对宝宝语言的发展进行了深入的研究，并发表了许多关于早期语言和大脑双语发育的论文。她已经证明了儿童早期接触语言是如何改变大脑，以及如何影响孩子后续语言发展的。

为什么生命的前11个月对语言和言语的发展如此重要？是因为在最初的几个月和几年里，大脑正在为每种语言构建特定的"神经结构"，所有6～8个月大的宝宝都能辨别不同语言的不同音素。在一项研究中，库尔发现，让一组9个月大的美国婴儿与母语为普通话的人接触和玩耍（共计12次，每次25分钟，历时4周以上），婴儿不仅能够学习普通话的发音，而且说话与母语为普通话的人别无二致。重要的是，社会交往是学习言语和语言的关键因素。在另一组测试中，32名婴儿只通过看或听以普通话为母语的人的DVD或音频来接触普通话，结果他们的普通话辨别能力并没有提高。库尔还发现，在婴儿10～12个月大时，他们已经开始适应自己的语言，"囿于文化约束的倾听就开始了"。

"父母语"或"妈妈语"使用了比平常更高的声调去说话，这样可以更吸引宝宝。缓慢地、带停顿地、拉长声音地说话和夸张的声音，能让宝宝听得更清楚。宝宝听到的"父母语"越多，就越爱开口。宝宝说得越多，辨别不同音素的能力就越好。在8个月大时辨别声音能力良好的宝宝，在30个月大时的言语和语言能力比辨别能力较差的宝宝要好。库尔还发现，7个月大的宝宝对元音的敏感度与其5岁时的语言表现能力呈正相关。7个月和12个月大辨别能力不佳的儿童在5岁时会表现出接受性语言和表达性语言[①]能力的下降。

---

① 表达性语言通常旨在建立儿童口语反应（包括替代性沟通系统），而接受性语言则是儿童要使用非语言的方式回应老师的口语指令。

多语种儿童

如果你的母语不是你的孩子和孙子、孙女所说的语言，那么请利用一切机会使用母语与他们进行交谈。在理想情况下，这是你和他们聊天时使用的唯一一种语言。宝宝的大脑对声音非常敏感，在宝宝满1周岁时，如果一直接触母语，就会习得说母语所需的所有音素。幼儿和学龄前儿童也比年龄更大一点儿的儿童和成人更容易学习某种语言。幼儿的大脑不仅可以学习一种或两种语言，如果经常接触多种语言，还可以学会多种语言。

我有个朋友是匈牙利人，她的母亲是俄罗斯人，父亲是波兰人，她又嫁给了一个德国人。在他们的两个孩子还小时，他们在澳大利亚住了3年。相较于其他孩子，他们能够流利说话的时间略晚了一些。在他们4岁时，两个男孩会将接触的语言中最简单的单词组合在一起创造出自己的语言。6岁时，两个孩子都能说匈牙利语、德语、波兰语、俄语和英语，还带着澳大利亚口音！他们还会一些法语和意大利语，因为他们曾去那里度过假。小儿子在8岁的时候去克罗地亚游玩，结果他听不懂也不会说克罗地亚语，这让他非常难过。然而，等4周的假期结束后，他就能和当地人用本地话交流了。大脑在幼儿时期的力量着实令人惊叹。

交际与对话

儿童口头沟通能力的高低同样对其健康和学习意义重大。有良好沟通能力的孩子更有可能在课业上取得成功，构建愉快的社交关系，也更善于调节自己的情绪。而作为成年人，良好的沟通能力无论在工作中还是生活中都至关重要。

许多证据表明，成人和儿童之间的对话确实是儿童学习语言的方式，对话包括说、听和思考，这些方面的结合，为孩子的学习和读写能力奠定了重要的基础。

语言发展

孩子从出生起就生活在一个由语言构筑的世界里。当他们开始发展自己的口语能力时，身边成年人的影响使他们的语言发展程度大不相同。听别人说话是学习语言的过程，他们从中学习字词的发音、组合方式、语言的节奏和正确的使用语境。听说能力的发展不仅对儿童日后的学习至关重要，对其社会和情感的成长也非常关键。对话是扩大词汇量的重要途径。

关系建立

孩子每天都在了解生活的方方面面，其中一个重要的方面就是如何建立和维持健康的人际关系。你和孩子之间的祖孙关系将成为他日后建立关系的参考。多与孩子交谈讨论，可以教会他如何积极地生活，并使他认识到交谈以及在交谈中倾听和思考的方式会直接影响到自己与他人的友谊。这对于 3 岁以上的孩子来说尤其重要，因为这个时候的孩子已经开始与其他孩子互动和玩耍。

探索世界

你与孩子的交谈创造了一个向他展示周遭世界的机会。例如，在购物时，通过寻找食谱上的原材料，或许可以让孩子懂得食物的制作过程，或者如何创建购物清单并买齐所有物品，还能在交谈中了解不同的文化。对你的孩子来说，每件事都能使他有收获，而对话就是孩子学习过程中的有力工具。孩子 3 岁之后，这种收获往往来自许许多多的提问。你将会经常听到"为什么"三个字，所以如果可以的话，抓住这个机会给孩子进行解释，毕竟一个简单的"因为"可满足不了他们在这个阶段的好奇心。

推理

对话能促使孩子产生新的想法，提出问题并做出决定。鼓励孩子自己思考和做决定是非常重要的，这能使他们变得更加自立。如果你的孩子已满两岁半，就让他自己选衣服，询问他"今天天气热，你觉得穿什么衣服比较好？"，或提示他思考一些他可能忽略的事,例如"今天比较冷,你需要帽子吗?""今天会刮风和下雨,你今天要穿凉鞋还是普通的鞋子?"。

认识多样性

孩子天生以自己为中心,认为世界是围绕着他们转的。通过与不同的人接触和互动,孩子会了解到人有许多不同类型,他们各自有不同的想法、生活方式和观点,于是,孩子开始理解和接受差异。与各种各样的人往来频繁,可以让孩子认识到人的多样性和交谈的重要价值,毕竟每个人都有其独特的方面可以给孩子提供参考。

阅读

研究发现,幼年经常阅读的孩子拥有更多的词汇量,在学校里更有可能喜欢读书。研究人员通过磁共振成像技术发现,幼儿阅读会引发大脑中与阅读技能发展、语言技能发展和图像技能发展相关的活动,使孩子在早期就具有认知优势。辛辛那提儿童医学中心的约翰·赫顿博士及其同事曾在研究中将儿童读书时的大脑活动可视化。

研究发现,喜欢听故事的孩子,听故事的频率越高,负责解读语言意义的大脑区域就越活跃。该区域对口头语言及阅读能力的发展至关重要。经常听到复杂语法的儿童,大脑中负责言语的区域被激活的频率也越高。研究还发现,如果大脑中与心理意象相关的区域被强烈激活,能够促进孩子发展视觉化技能,即"想象故事画面"的能力。良好的视觉化技能对好的成绩非常重要。

给孩子读书也能提前帮助孩子享受在学校阅读的乐趣。大声朗读能激发孩子对书籍和阅读的兴趣,刺激诸多认知技能的发展,为以后的学习打好基础。当孩子开始自主阅读时,也要让他们大声朗读。青少年阶段大声朗读,非常有利于培养视觉化技能,这是看电视和使用电子设备所不能做到的。视觉化就是我们在头脑中形成一幅画面的能力。作为一种思维过程,它使我们能够创造、再现或虚拟真实的动作和场景。在视觉化想象时,我们既可以睁着眼,也可以闭着眼;可以思考和回忆某事,也可以在读书时想象其中的人物和场景。视觉化有助于我们理解并享受正在阅读的内容。

每次阅读都是视觉化的过程,即使你并没有意识到这一过程的发生。通过作者的描述,你可以在脑海中勾勒出关键人物的形象(这就是视觉化),包括他们的声音、表情和动作。而当你去看改编的电影时,就会突然意识到实际情况与自己的想象相去甚远,然后大失所望!主演的样貌、声音和动作都和你想象的不同!我通常会特意避开喜欢的书的荧幕版本,因为导演对主角的诠释总令我失望。我更喜欢自己想象出的主角们的样子。当然，每个人对同一本书产生的想象都不同，想象总是基于个人的生活经历。我们给幼儿提供的生活经验和朗读机会越多，他们的视觉化技能练习就越多，就越有可能喜欢阅读。

最适合婴幼儿和学步儿的图书

为孩子朗读是最能让你放松和愉快的活动。书页在你的手中优雅跃动，孩子享受着你的声音、你翻书的节奏，一幅幅画面在他的脑海中呈现。

为促进宝宝的视觉发展，最好书中能有对比鲜明或轮廓醒目的物体图片。但就听觉、言语和语言发展而言，实际上，你可以向孩子念任何你喜欢的东西。用唱歌的声音，大声朗读你喜欢的东西，可以是杂志周刊，也可以是当地报纸。如果你对某一特定的研究领域感兴趣，何不试试朗读这些书呢？量子物理、莎翁散文、人体解剖学、心理学、野生动植物学和商业管理等方面的书籍，对孩子来说都很有趣！

大一点儿的孩子会将更多的注意力投向简单的图像。他们喜欢图画书，这种有质感的、带硬纸板的书更适合翻动。学龄前儿童喜欢故事里有好笑的情节或者有趣的小动物。如果是冒险故事，那情节简单些也无妨。孩子能够快速"扫描"相当复杂的图片，找到极微小的隐藏细节。他们还会注意到你在朗读时漏掉了一页或是几个字!

如果你想知道适合婴幼儿和学步儿的推荐书目,那么有一些非常棒的书可供你选择,你可以在互联网上、当地的图书馆和书店里尽情探索。当地的图书馆是非常好的免费资源,你可以定期带孩子前往,那里的童书品类通常都很丰富,在那里,你和孩子将共享一段美妙的图书探索时光,同时还能帮助孩子发展语言和思维技能。

电子玩具与屏幕

与面对面交流和阅读不同,电子玩具和屏幕阻碍了儿童语言和沟通能力的发展。

一项由10~16个月大的宝宝的父母参与的研究发现,电子玩具可能会减缓幼儿的语言发展速度。这些昂贵的玩具可能被宣传为是有教育意义、可促进智力发展的玩具,然而研究结果显示,事实恰恰相反。研究中,每个家庭都拿到3套与3个主题相关的玩具:动物名称、颜色和形状。第一套玩具中包括宝宝笔记本电脑、会说话的农场和宝宝智能手机等电子玩具;第二套是传统玩具,如木制拼图、形状认知玩具和带有动物图片的彩色橡胶块;第三套是五本纸板书。实验过程全程录音,用作最终得出的数据的依据。结果显示,当孩子在玩电子玩具时，父母的话就变少了。父母和孩子之间的言语交流、父母对孩子的回应也变得较少。与传统玩具相比，这些孩子在玩吵闹的电子玩具时会更安静，说出的单词数也更少。研究发现，父母和孩子之间语言交流最多的活动是阅读。研究还表明，玩传统玩具过程中的言语互动和阅读时一样丰富。

你可能会注意到，在玩发声或发光的电子玩具时，孩子的注意力都会非常集中。这些玩具会激活他们的定向反射，有效地集中他们的注意力。这种原始的反射使他们的大脑集中关注新奇的视听刺激。发声和发光的玩具可能很吸引人，但它们也许会阻止孩子与周围世界的互动，妨碍他们进行有意义的探索和学习。

经常观看小型屏幕和电子设备也不利于孩子的视力。为了健康成长，儿童的眼睛需要暴露在自然光下，并经常练习远眺。也就是说，孩子要多去户外玩耍。莫利纳教授是一位讲授临床验光知识的验光师。他强调，有50%的孩子在8岁前就戴上了眼镜。如果允许孩子长期使用屏幕，他们就会成为这50%中的一员。这听起来是不是很可怕？但事实的确如此！不过，有一些方法可以避免近视。

首先，我们一定要注意眼睛发育领域研究人员的警告，第一步就是控制孩子使用屏幕的时间。莫利纳教授建议，保护儿童视力健康的唯一方法就是严禁0～3岁的孩子使用电子设备。在这一阶段,孩子的视觉系统仍在发育中,眼睛也在进行训练以获得最佳视力。孩子3~6岁时,观看屏幕的时间需限制在每周1小时内;孩子6~12岁时,每周最多看2小时屏幕,如此才不会对眼睛造成长期伤害。当然,我们都知道这实施起来属实不易。但当你和孩子共处时就可以避免孩子观看屏幕。尽管我家非常关注科技的发展与应用,但当孩子和我在一起时,我会关闭所有的屏幕。我很高兴做一个远离科技的"原始人"。说实话,用颜料画画、读纸质书、剪裁照片、玩纸牌和棋类游戏、去公园,都非常有趣!

做游戏与沟通、言语和语言技能的发展

促进语言和沟通交流能力发展的最好方法就是做游戏。正如前文提到的,游戏和玩具不需要多么特殊,如果你没有搬离常居地,你可能仍能在某处找到孩子的许多玩具。是时候让它们重见天日了!孩子玩的玩具越传统,大声朗读的故事越多,他们接触的单词就越多。做游戏不需要多么昂贵的玩具,作为祖父母,实际上你就是孩子所拥有的最好的玩具。当你的孙子、孙女和你一起进行游戏活动时,他们可以学会许多语言技巧,你只需要打开你的柜子,就可以找到最好、最便宜的游戏道具。锅和碗、一条用来玩"躲猫猫"的毯子、

一个盛水或煮意面的盆，都是孩子玩耍和促进语言能力发展的绝佳工具。幼儿和学龄前儿童很喜欢在厨房、花园和工作间里"帮忙"，虽然不会有太大的成效，但这对他们来说是一个很好的游戏机会。

做游戏有助于扩大孩子的词汇量，提高其听力能力，并有助于发展孩子执行指示的能力。随着语言变得越来越复杂，玩法也在升级，游戏也变得越来越复杂。对婴幼儿来说，玩耍意味着敲打物体、把物体放进嘴里、检查物体。至于学步儿，就是搭积木、推汽车、吹泡泡。对学龄前儿童而言，游戏又变成了过家家，如假装给娃娃喂食、假装打电话、假装做饭或建造动物园。做游戏是孩子体验自身和他人世界的方式。作为祖父母，和你的孙子、孙女一起玩耍可以让你了解他们的发展阶段和他们面临的不同挑战。这也很有趣！

玩传统玩具有助于延长儿童注意力集中的时间，我们应鼓励他们进行富有想象力的角色扮演游戏，探索多种选项并找出问题的解决方法。有创造力的孩子可以自由地提出不同的解决方案，并且更热衷于追随他们的好奇心。鼓励孩子在游戏过程中学会冒险，并体验犯错的价值。传统玩具为孩子提供了表达他们所有美好想法的机会。积木和拼图之类的玩具可以提高他们对空间的理解，这对以后的数学学习很重要。玩传统玩具还可以让孩子学会分享、接受和尊重他人建议等社交技巧。

当孩子有机会玩传统游戏时，他们眼睛的肌肉和视觉也在发育和发展。当他们从一个地方移动到另一个地方时，他们的眼睛也在不断调整（远近、上下、左右），大脑也在学着解释所看到的东西。这些都是阅读所需的基本技能——眼睛需要平稳一致地在一页纸上移动才能阅读，大脑需要能够解释正在阅读的内容。这种想象、感知、理解我们所视之物的能力是学习的关键因素。运动机会有限的孩子通常会比其他孩子更难完成这些任务。

国际玩具研究协会的联合创始人杰弗里·戈德斯坦博士声称，当成人和儿童之间的互动游戏不再依赖于传统玩具，而是电子玩具时，儿童会出现更多的情绪和情感问题。更匆忙的生活节奏，家庭结构的变化以及对学习关注度的提高，意味着如今的孩子与家人玩耍的时间比上一代更少。当6岁以下的儿童花费大量时间玩电子玩具时，他们自然就不会把时间花在玩对刺激感觉系统和发展动作技能至关重要的传统玩具上，而这些传统玩具才是发展他们的大脑的关键。

祖父母们，现在是你们发光发热的时候了！孩子的父母总是忙得不可开交，但当你照顾孩子时，你就有了一个绝佳的机会来弥补这些错失的重要机会。你舒缓的声音，温柔的抚摸，以及在与孩子玩耍时充满爱意的凝视，都会在孩子的大脑里留下深刻的印记。和孩子一起玩耍可以创造快乐，建立亲密的关系，让孩子学会尊重和包容，还可以在孩子的大脑中建立那些重要的神经通路，这些都是以后学习所需的。

和孩子一起玩

婴儿

这时你的孩子正在从零开始学习语言的声音。胎儿在子宫中听到的声音是很低沉的,而且经常是失真的,妈妈的声音是胎儿能听到的最清晰的声音。孩子出生时,听觉是最发达的感官,所以他们接触的语言的声音越多,效果就越好。

- 面对面交流对于培养孩子的沟通技能至关重要。与孩子面对面地交谈,给他们回应的机会,哪怕他们只是在含糊不清或毫无意义地嘟囔。使用"轮到我说,轮到你说"的方法,直接与孩子交流,然后等待他们的回应。不要急于推动对话的进行,孩子的确需要思考和回应的时间。请相信他们能做到!练习和时间很重要。

- 不要让孩子观看屏幕。从没有反馈的图片中,孩子学不到任何关于语言和交流的知识。但如果你不在孩子身边,通过视频聊天进行面对面的交流,则另当别论。视频技术使你能够以一种互动的方式回应孩子,即使你远在千里之外。

- 从孩子出生后就给他朗读。孩子喜欢抒情的、充满韵律的散文,也喜欢惊险有趣的故事,不过他们最喜欢的还是你的声音。如果你能用唱歌的方式"朗读",

哪怕是最无聊的书籍宝宝也会喜欢的!你还可以让孩子阅读一些简单的、带插图的书籍,白纸与黑色的轮廓对比很鲜明。如果柜子里有迪克·布鲁纳①的系列图书,那就再适合不过了。简单、易懂、轮廓清晰的图画是你的不二选择。

- 与/为宝宝做某事时,就使用唱歌的语调与他们交谈,比如在按摩身体、锻炼、跳舞、演奏乐器、换尿布或衣服时。
- 与宝宝一起演唱歌曲,活动身体。童谣是理想的选择。

学步儿

学步儿仍处于"发展运动"阶段,他们的大脑被对移动的渴望支配着。尽管有些孩子已经掌握了一系列词汇,但有的孩子还是只会一两个词语,如妈妈、爸爸、狗、鸭等,然而,没说出来并不意味着他们没有在学习。我的孙女在2岁的时候几乎不会说话,但她喜欢模仿所有东西,随着她动作技能的提高和大脑的成熟,她的言语能力爆发了。她很快就学会了造句,在正确的语境下按照正确的含义使用像"暗淡的"(形容圣诞前夜圣诞老人的靴子)这样的词。不用说,从那以后

---

① 此人是"米菲兔"的创作者。

她的嘴就停不下来了！她一整天都在说话，直到晚上睡觉才停下。这是一个非常常见的现象，所以一定要坚持与孩子交流，即便你觉得一直都是自己在自言自语。

- 继续进行"轮到我说，轮到你说"的谈话活动。孩子会做出回应，尽管他们是通过动作复述发生在他们身上的事或他们想做的事。
- 鼓励孩子用以下方式移动他们的身体：正/倒、转圈、进/出、上/下等。
- 随着音乐唱歌和移动，鼓励与他人合唱童谣和歌曲。
- 谈谈你们一起做过的事情，比如简单的家务或园艺活动。
- 阅读大量书籍。准备配有简单插图和少许文字的图书，因为孩子此时的注意力持续时间较短，他们只想着快速翻页。能掀开封面和有质感的书在这个年龄段很受欢迎。
- 鼓励广泛使用在家庭中可能不常使用的词，包括摆动、跳跃、向上、向下、平衡、倒立、右臂、左臂、右腿、左腿等。触摸并移动提到的身体部位，或者做出相应的动作。如果大脑能将一个动作与声音联系起来，那么学习单词就会更有效。
- 避免观看屏幕。当孩子坐在屏幕前盯着屏幕看的时候，他们无法练习自己的语言，沟通能力会随着观看屏幕时间的增加而退化。
- 脱离书本讲故事。虚构故事不仅有助于开发孩子的想象力，而且可以发展孩子的语言表达能力。
- 按照指令唱歌、演奏和随着音乐摇摆。当你下指令时要大声说出来。
- 经常开怀大笑，玩有趣的游戏。

学龄前儿童

- 玩口头记忆游戏。在托盘上放置3～4个常见的家用物品。让孩子看着它们，并说出它们是什么；然后将物品盖起来，在孩子看不见的情况下，拿走一个，问孩子托盘上少了什么。从拿走3个物品中的1个开始练习。如果他们觉得容易，可以准备6个物品，再拿走其中的2个或3个。
- 问孩子"你能做到吗？""你能告诉我怎么做吗？""还有什么其他的办法吗？"。
- 建立语言与动作的联系。问孩子"你能表演双脚跳、单脚跳、跑跳、侧身走、倒着走吗？""狗、猫、老虎、大象、长颈鹿、企鹅是怎么走路的？"。
- 询问孩子的感受是悲伤还是愤怒或是别的。鼓励他们用这些词语来描绘自己的感受。

- 将思考和运动结合起来的活动有助于语言的发展，因为学龄前儿童正在学习遵循口头指令，完成更复杂的任务。例如"你能给我拿2个叉子和3个勺子吗？""你能穿上右脚的袜子和鞋子吗？""现在你能继续穿上左脚的袜子和鞋子吗？"。

- 谈论一天的经历是帮助孩子学习视觉化技能、回忆和解释其所做事情的一个好方法。孩子确实需要这方面的帮助，试试给他们做个表率吧！告诉孩子你的一天都经历了什么。这可以告诉他们如何去"总结"一天的活动。然后，用提示性的问题询问孩子一天的情况，比如"你去……的时候做了什么？""你看到了什么？""那辆车是什么颜色的？"等。

- 讲述你自己的童年和孩子父母的童年。这很可能会引导学龄前儿童提出很多问题，所以要准备好回答"什么是……？""它看起来如何？"等问题。

- 将单词的发音与文字和图像联系起来，这项工作开始得越早越好。到3岁时，孩子就可以开始认识字的"样式"（不是单个笔画，而是字的整体外观），这通常被称为"全字"学习。使用图画书，每幅图画对应一个字。如果你能买到全套的经典款小瓢虫图画书，那就最好了。你也可以自己做书：将若干张纸折叠在一起，作为书的页面。从旧杂志上找一些很容易与名词联系在一起的图片，例如猫或狗、家庭用品、野生动物等，让你的孩子剪下图片贴在左边，在右边（对页）打印上足够大的字词，以便孩子阅读。你可以按照不同主题做不同的书。

- 音乐和歌唱对于语言能力的发展是极好的。这个年龄段的孩子可以跟着音乐学单词和唱歌。

- 紧扣主题。对话是一个自然和有机的进程，当它不是强迫和支配他人遵循指令时，效果最好。坚持一个话题意味着我们要讨论一个主题到一个自然的停止点。有时候，坚持主题代表着接受主题在某时某处的转变。

- 有效倾听。问一些有趣的、发人深省的问题。把注意力集中在孩子身上，点头向孩子表明你在倾听，并对他说的感兴趣。在适当的时候使用鼓励的词语，比如"非常好"和"很棒"。你不仅是在听孩子讲话，而且在教他如何倾听他人讲话。

- 与较大的学龄前儿童一起玩想象游戏。孩子的想象引人入胜，你会惊讶于孩子竟然可以想象出众多不同的场景和生活经历。

- 倾听孩子的兴趣。这有助于你将对话引向孩子感兴趣的话题，并愉快地与其展开讨论。

- 做好自己，因为交谈是双向的，想让孩子感到轻松和舒适，你就要敞开心扉、全情投入，扮演一个宽厚的、慈祥的抚养者角色。

- 与较大孩子的交谈，可以在谈话中添加细节来进行详细的阐述，这样可以让谈话更加有趣和清晰。可以使用描述性语言和概念来帮助你描绘某一个事物。

- 使用积极的肢体语言。肢体语言是帮助人们理解他人所说内容的一个非常重要的部分，儿童从很小的时候就能理解肢体语言。良好的眼神交流和适当的语气有助于孩子理解和回应你的话题，当然，你也要告诉孩子，你也对他的话题感兴趣。

- 在谈话中加入一些概念，如上/下、进/出等，并做出相应的动作。这些语言元素能为孩子写作和数学的学习奠定基础。

第七章

听音乐、唱歌和跳舞

　　能有机会用一整个章节来写我的乐趣之———幼儿音乐，真是一种享受！而且，音乐恰好是提高儿童能力的重要因素。因此，本章将着重探讨如何创造一个有利于孩子最佳发展的环境。

　　很难想象一个没有音乐的世界，尤其是在儿童学龄前期。我们或将音乐用于庆祝活动和仪式，或用它来烘托电影的气氛，或用它来打造舒缓或振奋的购物环境。营销人员都知道音乐有着提高购买力的力量，我们也知道音乐会让人联想到特定的事件。音乐会影响情绪，经常支持我们度过情绪不安的低潮期。词曲作者用音乐来治愈情感上的痛苦，有着类似经历的人用这些歌曲来宽慰自己。尽管互联网和数字时代对从事儿童工作的人来说是一个挑战，但在这个时代，我们可以很容易地获取大量音乐，这是我们的祖父母不曾有过的体验。

不过，本章讨论的重点是孩子，即音乐如何帮助儿童发展、音乐在促进儿童全面发展的教育环境中能起到什么样的作用。显而易见，孩子热衷于参与音乐活动。现在我们已经知道运动、营养和睡眠是发育的基本要素，而音乐恰好与这些"超级大脑食物"很相符。这4种元素能够滋养大脑，在帮助大脑成熟方面发挥着重要作用。

那么，音乐之旅该从哪里开始呢？宝宝在母亲子宫内时，就能听到母亲有节奏的心跳声和其他声音。这是定制版的"母亲的交响乐"。父母用轻柔的、有节奏的动作来安抚新生儿，用歌曲来抚慰不安的孩子。如果你已经有了一个孙子，你一定能够想起你第一次抱孩子的时候：你特别想摇晃宝宝，特别是当宝宝不安的时候。这是一种本能反应，并且确实有效。

音乐对大脑有什么影响？通过磁共振成像技术，人们知道音乐能刺激大脑。研究表明，音乐家的大脑有着更大的听觉区域。但也有研究表明，音乐对人的影响并不局限于听觉能力。孩子听音乐或参与音乐活动时，大脑的许多区域都会参与与音乐相关的处理过程，如记忆、注意力和动作技能。音乐也刺激着边缘系统和相关的情绪反应，而且它不仅刺激大脑，也会对人的思考能力产生持久的影响。

认知能力，是思考能力的一种学术表达方式，会受到音乐活动的影响。E.施伦堡教授的研究表明，孩子在参加一年的音乐课后智商会有所提高。他的研究对象是144名6岁的儿童，这些儿童被随机分配上音乐课、戏剧课或不上课。通过一系列的测试，他发现上音乐课（学习乐器或声乐）的孩子的智商比参加戏剧课或不上课的孩子有更大的提高。威斯康星大学奥什科什分校的弗朗西斯·罗斯彻教授和肖恩·亨顿博士的团队所做的研究都表明，每周上音乐课对4岁的孩子大有裨益。需要对物体进行表征、分析的测试也表明，上过音乐课的孩子表现更好。罗斯彻和亨顿非常清楚，孩子们必须参与音乐活动才能提升认知能力，仅仅听音乐并不能增强大脑功能。其他的研究也表明音乐活动能使孩子的学习成绩有所提高。

孕期与音乐

经证明，听音乐、唱歌和有规律地运动，有助于胎儿在母亲腹中的发育。在怀孕期间给胎宝宝唱歌、积极活动、健康饮食的妈妈们，不仅自己健康，她们的宝宝也会非常健康。米歇尔·拉扎雷夫教授在35年间对超过30 000名孕妇进行了研究。结果表明，每天唱歌、听音乐和运动的妈妈，她们的身体、心理、社会和情感都会在孩子出生后更加成熟，而且这些孩子在上学之前的发展检查测评中得分一直较高。

唱歌和运动如何帮助未出生的宝宝发育

尽管目前尚不清楚母亲的刺激与胎儿反应的确切机制，但阿尔弗雷德·托玛提斯博士认为胎儿是用全身倾听的。他提出，音乐会产生某种振动，这种振动会引发全身的生理反应，进而刺激发育中的大脑和身体。托玛提斯博士以开发声音疗法而闻名于世，帮助成千上万的人增强了听力，提高了理解能力。

母亲的运动促进了胎儿运动能力的发展，进而又刺激了胎儿自身的发育。大脑的"运动感应"神经通路从胎儿在母亲子宫内第8周起就开始形成并运作。这种运动感知系统，被称为前庭系统，是人体第一个能够全面运作的感知系统。虽然前庭系统需要多年的动作经验才能完全成熟，但即使是在其发育的早期阶段，它也能对运动做出反应。大脑会记录母亲和胎儿的每一个动作，这为以后宝宝的技能发展奠定了关键的运动基础。

当音乐和运动结合在一起时，对发育中的胎儿的大脑的影响会更大。听觉和前庭系统都与身体的同一部位——耳朵有关。前庭系统位于内耳内一个叫作半规管的区域，在那里，当细小的毛发受到液体的冲刷，能够告诉大脑头部处于什么位置或在什么位置上移动。听觉、前庭系统与运动相结合并受到刺激时，大脑就会接收到许多关于节奏、节拍、声音和运动的奇妙信息。大脑从感官处接收到的信息越多，它就越善于学习"理解"所接收到的信息,也就越能对这些信息做出适当的反应,即使在儿童发育的早期阶段也是如此。

胎儿在子宫中接触音乐和运动时也会受到发育刺激。音乐的节奏为儿童先天的节奏感奠定了基础。节奏感有助于语言和动作的发展,使孩子能够适应周围的生活节奏,自闭症谱系障碍儿童是没有这种感觉的。音乐还能帮助耳朵、身体和大脑聆听和理解声音,不仅能够增强儿童的感知系统,还能提高他们的智力水平,提升其理解、思考和学习能力。

怀孕期间唱歌和运动也有益于母亲的心理健康,有助于缓解压力,增强母婴间的联系,保持积极的情绪。通过早期联系,母亲与胎儿的沟通增多,情感也日渐趋于成熟。此外,研究还发现,唱歌能加强宝宝与父亲、祖父母的联系。如果父亲和祖父母给宝宝唱歌,宝宝与他们也会变得更亲近。

现在的你已经通过一些理论了解了音乐是营造丰富环境的重要组成部分。接下来,让我们来了解一下什么是丰富的音乐环境,以及它是如何促进孩子发育的。

自己演唱才是最好的

你可以选择给孩子听音乐,但最好是让他自己唱出来。

孩子在运用感官时，体验会丰富得多。让孩子尽早开口唱歌一直是我的目标。一开始，孩子只是用嘴来模拟乐器发声。当然，此时他们是在利用口腔中敏感的神经末梢来收集信息，这种方式能够比只用手演奏获取更多的信息。在录制歌曲时加入打击乐器可以增加体验，特别是当孩子参与演奏时。这些年来我录制了很多音乐，只要有机会，我就会让孩子们参与进来，我也会在车里播放音乐以供娱乐，这两种方法都非常有效。

保持节奏

对孩子来说，无论年龄大小，保持节奏稳定都是一项基本技能。如果一个人有很强的节奏感，就能更顺畅地完成许多任务。节奏对于音乐的作用甚大，但节奏不仅仅与音乐相关，许多运动也都有节奏或韵律。自行车、田径和划艇的节奏是显而易见的，骑马、足球、乒乓球和滑冰也同样需要计时和节奏感。有些游戏需要节奏感来帮助完成，比如挑圆片和捡棍子。在学校里，孩子们会进行学习和社交活动，节奏感和时间感有助于孩子融入同龄人的群体，所以保持节奏稳定并非是件无关紧要的小事。

在我教幼儿音乐课的几年时间里，我经常说，我每周的主要职责之一就是找到尽可能多的、尽可能不让孩子和家长感到厌倦的方式来帮助孩子保持节奏感。如果我每周都花45分钟带孩子们敲鼓,那我的课程很快便会无人问津。但如果你仔细分析我带孩子们做的所有活动,就会发现一个常见的元素:稳定的节拍。孩子们走路、躺下,甚至在保持别扭的坐姿时都能保持一种节奏感,尽管他们头上戴着分散其注意力的沙包,耳边还有各种各样的打击乐器。节奏感的培养并非在朝夕之间,它往往是在知晓节奏稳定的重要性的成年人辅助下开始的。

舞蹈能极大地帮助孩子感受节奏。和孩子一起跳舞吧!把孩子抱在怀里,放你喜欢的音乐,然后翩翩起舞,确保轻轻地跳动能使孩子感受到节奏。孩子小的时候,要控制跳舞的幅度。随着孩子长大,可以逐渐加大动作幅度。二十世纪六七十年代的音乐往往有着非常强烈的节奏,这些歌曲迅速风靡舞池,比如比约恩·斯基夫斯的《魂牵梦萦》(*Hooked on a Feeling*)、尼尔·戴蒙德的《亲爱的卡洛琳》(*Sweet Caroline*)、马里·威尔斯的《我的男人》(*My Guy*)以及佩茜·克莱恩的《步行于午夜之后》(*Walking after Midnight*)等。当然,萝卜白菜,各有所爱。选择喜欢的舞蹈的好处是,它会让你在情感上感到满足,你的孙子也会感觉到这一点。不过要确保节奏不要太快,可以舒服地跟着节奏起舞。

孩子是通过听到的语言和歌曲来学习节奏和音调的,如果他们在孩童时期能够产生良好的节奏感,那么他们就能自然而然地掌握节奏和音调知识,不需要额外的教导。

和孩子一起唱歌

现场演奏对音乐家和听众来说都是非常震撼的。管弦乐队的现场演奏与其录音版有很大的区别。这在一定程度上与你感受到的管弦乐队演奏时的振动有关。即使是最好的录音,也录不出这种振动。数字音乐又和现场乐器的录音不一样,虽然后者有一些小瑕疵,但我觉得更为动听。

唱歌也是如此,没有什么比得上现场的演唱。所以你身边最好的乐器就是自己的嗓子。也许你会说"我不会唱歌",可是孩子才不会在乎自己的祖母是不是基莉·迪·卡娜娃或者琼·萨瑟兰。力量蕴藏在你声音的振动中,所以和孩子一起唱吧。教他们童谣,编一些小歌曲,只需要用与日常活动相搭配的调子唱一首简短的儿歌就很好。在我的儿子还小时,我就编了一首《上下楼梯之歌》,上下楼是我们常做的事。每次下楼或者上楼之前,他都在等着我唱这首歌。有时我们走得很慢,有时又比较快,有时我的嗓音比较高亢,有时又比较低沉,节奏也时快时慢。在短短的上下楼的过程中,这首简单的歌曲包含了许多音乐元素。我还注意到我的邻居非常认真地接受了我的建议，和他的孙女一起唱歌，并为许多日常琐事搭配一首小曲。望着孩子笑意盈盈的脸，你会发觉，他们在 4 个月大时就能识别出祖母的歌声。

把书唱出来

在朗读时加上旋律可以调动大脑的不同区域，这对孩子是有好处的。另外，把故事唱出来能让孩子更难忘，也能为故事增加另一种意义。我就经常把书唱出来，但这也需要一些技巧。

首先要仔细选择你要唱的书。当然，童谣书很简单，因为往往有很多熟悉的旋律能搭配这些内容。当你试着唱完这些书后，再去唱那些不太长的、有很好韵律感的书。它们通常由 4 行押韵的诗句组成，所以能用一些众所周知的传统旋律来唱，比如《我们绕着桑树走》（*Here We Go Round the Mulberry Bush*）、《一闪一闪亮晶晶》（*Twinkle Twinkle Little Star*）或《雅克兄弟》（*Frère Jacques*）。之后就是用自己的旋律去唱简单的书。有许多书都能唱，如吉尔·斯安德烈的《丛林里的隆隆声》（*Rumble in the Jungle*）和露丝·保罗的《我的恐龙爸爸》（*My Dinosaur Dad*）。

如果你愿意的话，还可以唱稍微复杂一点儿的书。比如埃里克·卡尔的《好饿的毛毛虫和好忙的小蜘蛛》（*The Very Hungry Caterpillar and The Very Busy Spider*）、罗德·坎贝尔的

《亲爱的动物园》(*Dear Zoo*)和《哦,我亲爱的!》(*Oh Dear*)、贝蒂和艾伦·吉尔德代尔的《黄色的挖掘机》(*The Little Yellow Digger*)、格雷姆·贝斯的《一起来喝水》(*The Waterhole*)。重点是要记住你唱的旋律,以免孩子说你唱错了。我的建议是编一首曲子,自己录下来,这样方便你下次提醒自己。

像舞台上的演员一样,在朗读中加入音乐可以给你更多的创作空间,让你能用不同的语调、音调和力度来讲述丰富多彩的故事。

为即将出生的孩子准备音乐

我们鼓励祖父母为未出生的孙子、孙女唱歌。当怀孕的孩子来看你时,你就可以开始唱了。记得询问这位准妈妈是否乐意你给宝宝唱歌,如果她愿意,就可以坐在她旁边唱。不用刻意对着她唱或者拿扩音器,她也可以和你一起唱,唱什么歌都可以。你可能会唱自己童年时听到的歌,等孩子出生后你唱这些歌的概率就更高了。祖父也要参与进来,因为胎儿喜欢低沉的男声。哪怕祖父唱得不好,胎宝宝也会十分愉悦,因为胎宝宝每天听的都是妈妈身体的声音,你的声音对宝宝来说非常特别。

周数较小的胎儿似乎特别喜欢摇篮曲和童谣的节奏和韵律。许多摇篮曲和美妙的童谣也都简单易学。不是说其他形式的音乐不适合正在发育的胎儿听,只是摇篮曲和童谣很特殊,它们更有利于胎儿的发育。摇篮曲的音乐旋律模仿的是胎儿的心跳、呼吸和缓慢运动;童谣节奏缓慢,使胎儿尚在发育中的听力更容易辨别出元音。如果你在你的孩子怀孕期间反复对胎儿唱同一首歌的话,等他出生后可能会对这首歌有很强的反应。重复歌曲能够让胎儿有足够的时间熟悉节奏和曲调。等到孩子出生后,他就可能会识别出你的声音,并与你建立更亲密的关系。

音乐活动

所有祖父母都知道优质的陪伴可以造就一段亲密的关系。当孩子能够自由地探索声音、节奏和韵律的奥秘时,你和孩子就可以花费大量的时间在音乐上。孩子的父母通常没有时间坐下来陪孩子一起击鼓,他们分身乏术,往往随便敲两下就走了。这时就需要祖父母上场了。

宝宝

孩子的音乐活动主要是跟上音乐的节奏,每天跟随节奏鲜明的歌曲唱唱跳跳。

开发一些有趣的乐器很有必要。这些乐器可以是你或孩子父母童年时期使用的，也可以是自己制作或购买的。我在旅行时总是会留意有趣的乐器，因为不同的文化常常造就不同且有趣的乐器。但你也不必特意长途跋涉，去平价商店就能买到很多有趣的乐器。我有时也会去二手商店，那里经常有一些其他孩子不用了的儿童乐器。

你可以买一些好玩的摇摇乐玩具，比如沙槌或摇摇蛋。自制也是个好主意，但不要做得太大，确保孩子能够抓握。对小宝宝来说，旧塑料水瓶的尺寸正好，它们又细又长的瓶颈可以被稳稳握住，也很轻巧。小鹅卵石、谷物、枯萎的种子、干叶、小树枝、小球或树上的种子，都可以作为填充物，保证让孩子能看到里面的东西。注意，成品不要太重，以防孩子无法摇动。可以用强力胶水把容器的顶部粘上以防损坏。

学步儿

除非现场演奏的乐器或类似的物品对学步儿很有吸引力，要不然他们很难乖乖地坐下来听上一节冗长的音乐课。因此，在这个年龄段，孩子往往是边听边活动，或者可以试试让他们聆听车载音乐。制作一个音乐盒子或袋子，把那些自制的、买来的乐器通通放进去，你可以把它放在家里，或者在你照顾孩子时随身携带。在你拿出来之前，一定要花足够多的时间来练习演奏乐器和尝试乐器可能发出的声音。允许孩子自主探索、演奏乐器。尽管看起来他们好像心不在焉，但相信我，他们确实是在尝试。他们的大脑正在接收你所做的一切，孩子很难抗拒那些喜欢音乐的人，即使他们没有立即开口表露。

继续建立你的乐器库。关键物品包括：

- 摇奏乐器：沙槌、铃铛、摇摇蛋、造雨器。
- 打击乐器：声音不同的手鼓、牛铃、鼓（自制或购入）。还有带边沿的、干净的旧盘子，无论敲还是划都会发出非常有趣的声音。
- 可以操作的乐器：三角铁、响板、节奏棒、八音筒、刮板（我在美国见过一个金属制的刮板，看起来酷极了）。
- 音调乐器：木琴、钟音条。

这份清单并不详尽，但足以助你迈出第一步。

尽可能地跟随孩子。如果他们打出一个节奏，你就跟着打。如果他们用某种方式演奏乐器，你也要模仿。

在玩乐器的时候加入简单的童谣。歌曲和韵律有助于语言的发展，特别是孩子处于多语种环境时。唱歌是学习另一种语言时非常便捷的方法。

学龄前儿童

早期有机会发展音乐技能的儿童可以在这个阶段继续发展。在孩子拍手、使用身体其他部位（如脚、肘部）、边走路边拍手、演奏乐器或做其他更具挑战性的动作（如在背后拍手或在一侧拍手）时，确保孩子能保持节奏稳定。

一旦掌握这个技巧就可以让孩子试着进行演奏了。当然，最简单的方法就是用文字。开发铃木乐器教学法的铃木博士将这一方法纳入自己的理论之中。孩子通过拍打音节，可以有节奏地学习单词。我有几组图片，其中的文字可以帮助孩子按节奏拍手。这些卡片针对孩子的兴趣进行分类，比如交通工具类（汽车、公共汽车、拖拉机、滑板车、直升机、火车），动物类（牛、马、狮子、老虎、蜘蛛猴、大象）或其他孩子感兴趣的类别。一开始，让孩子试着说出每张图片需要多少拍子；然后让孩子将图片排成一行（通常一次只能排4张），并按图片排列的顺序拍手。用单音节词开始和结束比较容易，打个比方，"牛—狮—虎—马"就比"雄狮—猛虎—蜘蛛猴—大象"简单，把难的留到孩子渐入佳境时。接下来就可以加入乐器，每次演奏不同的乐器，尝试多种4行一组、轮流演奏的模式。我建议采用4行一组的原因是，4/4节拍或"进行曲"的节奏是孩子最容易学会的，这不仅能够使他们更早地学会捕捉节奏，还能促进其数学思维的发展。

你在孩子婴儿时期和他们一起唱的童谣现在也可以被改编成别的节奏模式。这是一个有用的音乐技能，同样有利于识字（是的，一切都相关联）。

一旦孩子也学会了改编节奏，就可以开始制作自己的音乐节拍，你也可以跟着学。这些小游戏都是音乐素养的一部分，当孩子掌握了这些，就有了坚实的基础，再去学习乐器就会容易得多。

记得和孩子一起唱歌。

一些祖父母还会带孩子去上免费或者付费的音乐课程（这是很棒的圣诞节或生日礼物）。在这些课程中，你可以学习到更多的音乐曲目，然后回家继续练习。另外，还要留意面向孩子的现场音乐表演。有时当地的图书馆会邀请音乐家为孩子们演奏，或者当地的管弦乐队会为孩子们举办一场简短的音乐会。对孩子来说，没有什么比乐器的振动发出的声响更有力的了。这是一种多感官的体验。他们会研究声音来自哪里，注意音调和演奏者表情的变化，以及音乐给他们带来的感觉。当地的学校也会不时举办演出，虽然你本人可能没有这个机会参加，请记得向校方咨询，因为这些通常是免费的。

小结

不难看出，谈到幼儿音乐我有些执着。研究已经证实了音乐的优点，而且我们能够以简单有趣的方法来开发这项对孩子来说非常有用的基础技能。对于忙碌的父母来说，没有时间是最大的困难（要花时间玩音乐游戏，并且能够享受其中）。时不时来点儿音乐，就像这本书中所讨论的许多事情一样，往往是非常有益的。我总是喜欢问孩子今天做了什么有关音乐的事，对我来说，音乐随时都在，它贯穿了一天的生活。我会跳着舞步到邮箱，拍着晾衣绳，在"跳跳跳"时，我不仅会跳过超市的过道，还要边哼歌边跳！其他顾客肯定认为我脑子坏了，但我知道我的孙子、孙女这时正在发展他们的技能，谁在乎其他人怎么想！反正我不在意。

我希望我已经表述得足够清楚了。音乐是一种强大的学习工具，尤其当孩子是参与者而不是旁观者时。简单又有趣的音乐机会能够培养孩子一系列的基础技能，并在他们未来学习其他技能时给予辅助。对孩子来说，音乐简直就是上天的恩赐。

第八章

点亮好奇心，激发想象力与创造力

人类具有高度发达的创新能力，但创新离不开好奇心与想象力。前面几章我们介绍了培养健康的、发育良好的儿童的基本要素，现在是时候进入下一个阶段了——将你的孩子培养成一位兼具创新与想象、思辨与口才能力的可造之才。对我来说，这一章才是真正乐趣的开始，我会对好奇心、想象力和创造力逐一进行讨论，同时分享一些我对育儿之道的浅薄理解。

好奇心

宝宝在降生之初便充满好奇。一旦他们能够看清事物并有意识地去抓取物体，就表明他们希望尽可能多地了解周围的世界。拿到一个玩具后，他们会翻来覆去地看个不停，触摸它，聆听它的声响，品尝它的味道，并试着移动它，不停地探索使用方法。一旦宝宝学会爬，就会积极地探索家中的每一个角落和缝隙，不过通常发现的往往都是吸尘器没能清理干净的、散落在犄角旮旯里的各种虫子尸体！

学步儿会十分想要体验看、摸、举、爬等各种动作，还会试图挂在各种栏杆上，或者投掷和张贴东西。注意！对他们来说，卫生间是个好去处，将成卷的卫生纸弄散也是很有趣的活动。而卫生间本身也充满魅力，值得他们好好探寻一番。我的女儿曾经一时疏忽，让她16个月大的孩子溜进了卫生间。我的孙子发觉马桶是一个玩水的好地方（还好他先伸的是脚），直到他的两只脚都卡在马桶狭窄的底部，他才觉得不好玩了！因此，之后我们都会锁上卫生间的门。

一旦学龄前的孩子掌握了说话的能力，他们能抛出上百个问题。比如，"那是什么？""为什么？""为什么我不能……？""那是谁？""为什么她看起来那个样子？""她是做什么的？""为什么蚯蚓能帮助蔬菜生长？"……他们愿意尝试不同的移动方式，会在任何一样能玩耍的物件或者家具上爬上爬下，绕来绕去，并在这一过程中感受到快乐。作为祖父母，我们需要满足他们的好奇心，因为这是他们积极了解周围世界的方式，也是激发他们创造力和想象力的方式。

　　近年来，教育工作者已经意识到，当我们大多数人都能动动手指进行在线搜索时，"以知识为基础"的教育，即学习可重复的事实便被冷落了。我们需要的是思考者，因为思考者善于寻求创造性的解决方案，进行批判性思考，只有这样，他们才可以解决世界上现存的问题。4~6岁是思维最具创造性的时期。你要明白，创造力不仅仅关乎艺术，它对各个领域学习中新思想和新思维的发展都至关重要。我相信学龄前是开始培养创造力的最佳时机。我喜欢3岁的孩子在从对世界的认知中或探索新知时显露出的清晰思维。从孩子的口中常能听到一些妙语，当然，也有很多天真童趣的发言。我知道一个3岁的孩子，他需要简短地描述他要坐在别人对面玩游戏这件事。他当时是怎么说的呢？"我们得面对面！"真是完美的逻辑和创造性的解决方案。另一个例子是一个3岁的小女孩，她在了解了死亡的结果就是再也不能和家人、朋友相见后，新冠疫情的暴发激发了她的创造性思维能力。在社交隔离后，她觉得自己的世界已经封闭了，无法见到家人和朋友，她以为这就是死亡，她说："妈妈，当我们活过来的时候，我们能去看望奶奶吗？"这确实是我们在长期隔离后的心声，但孩子的这种说法却让许多成年人发笑。这些例子都展示了儿童是如何运用创造力和想象力解释现象或解决问题的。重点就是我们要始终在他们的答案中寻找正确的东西，并以此激发他们的创造性。

好奇心是学习的动力。好奇心驱动注意力，并提供了点燃学习激情的火花。注意力是学习的基础，如果孩子具有好奇心，想做的、想看的、想知道的越多，他们的注意力也就越集中。鲁道夫·斯坦纳的理论是基于好奇心进行学习的最好例子。他认为想象力和创造性思维为学习创造了肥沃的土壤，尽管现代的学习氛围注重批判性和分析性思维，但想象力和好奇心仍然是学习的重要驱动力。

好奇心的增强需要时间。人们也很难忍住不把正确答案直接告诉孩子。然而，成年人需要明白，要留给孩子足够的时间，让他们自己去思考问题，这种脑力的锻炼对孩子大脑的发育更有益处。

想象力、视觉化和创造力

孩子的想象力在好奇心和创造力的发展中起着关键作用。当他们探索和了解世界时，不同的经验、对象、行动和结果都会促进其想象力的发展。想象力是一种能力，能在头脑中再现事物的外观、感觉、气味、味道、声音或运动，然后将这些信息应用于新的思维或行为方式。这种能力也被称为心理想象或视觉化。例如，一个3岁的孩子一般能够回忆起他昨天（或上周）玩的游戏，并向你详细地描述它。他之所以能做到这一点，是因为他在脑海中回忆起了进行游戏时的画面。然后，他可能会根据回忆，利用自己的想象力进行游戏规则或动作的改造，从而改编出一个新游戏。

7~10个月大的宝宝发展出了构建心理形象的能力。我们之所以知道这一点，是因为他们在出生后几周内就能认识自己的母亲，即使母亲不在场，他们也能在心里勾勒出母亲的形象。1岁的孩子可以通过想象将球放到一个圆形的洞里，喜欢玩躲猫猫游戏，会简单的押韵，比如"小白兔，白又白"，他们会猜测下一句是不是"两只耳朵竖起来"，我们因此知道他们的大脑记住了过去的规律并且接上了韵律。当他们想喝水的时候，也能够模仿喝水的动作。他们也开始通过一些简单的动作进行娱乐（有点儿傻气也没关系）。比如，有一系列有趣的帽子供他们试戴，就能够逗乐他们。他们知道你平时的样子，你可以通过穿戴一些额外的服饰，不同于他们所知道或期望的样子。这样你就会知道他们是否讨厌这顶帽子，他们也许会把你的帽子摘下来，让你回到他们知道和喜欢的状态。我在教导这个年龄段的幼儿时，会非常注意自己戴的假发（我喜欢戴亮黄色的假发，因为黄色很显眼）。我会让他们看到我戴的过程，并且只保持一小会儿。他们惊讶的表情（听到了熟悉的声音，却看到了一张奇怪的面孔）会告诉你，他们不喜欢这顶假发，所以佩戴假发时要慎重。

能够创造心理形象是扮演游戏的重要前提。在孩子15～18个月大的时候，可以参与由他人发起的简单的扮演游戏（"过家家"），大多数儿童2岁时都能充分参与此类游戏。他们开始掌握在头脑中描绘、记忆、理解和复制不在眼前的物体的能力。早期的扮演游戏通常包括物体的替代，即使用一个物体来代替另一个物体，例如把积木当作电话，或者把纸箱当作汽车。当孩子的心理想象能力得到提高时，他们会逐渐创造出更复杂的游戏形式，包括使用看不见的物体，或者把一件物品想象成完全不同的东西。例如，桌子上的毯子变成了洞穴，抽屉变成了鳄鱼。3岁时，孩子可以谈论正在外出的人或者住在其他地方的人，比如远在另一个镇上的奶奶。4岁时，他们可以画出不在眼前的小猫，或者假装和它玩耍。他们可以谈论或画出曾经参观过的地方，还可以利用他们的视觉化技能创造新的场景和生物。

视觉化、想象力和创造力在儿童角色扮演游戏中体现得尤为突出。在游戏中，孩子会扮演老师、家长、园丁、公园管理员、动物园管理员等角色。这种想象游戏占据了两岁半孩子生活的相当一部分时间，并发展了他们的各种认知技能，包括模仿他人、换位思考、形象性思维（例如，将卡纸卷起来当作看星星的望远镜）和组织能力（"我做这个，你做那个，然后我们……"）。

视觉化和想象的力量不容小觑。它不仅能激发儿童的好奇心和创造力,还能提高学习效率,提升孩子的各种能力。大脑研究表明,心理意象会激发与行为相同的心理指令。也就是说,只要我们想到我们的身体在做什么(例如,举起手臂或向前走),大脑中负责运动的部分就会直接被激活。这种能力使我们能够记住并在大脑中预演我们想要做的动作,以便我们可以更有效地行动。例如,对于运动员和音乐家来说,通过在头脑中预演动作(或形成运动想象)可以有效地学习准确的动作。即使是想象别人在运动,也能激活"动作脑区",并帮助我们弄清楚自己想做什么,以及如何与周围的人协作。

当孩子缺乏想象力时,不仅他们的学习能力会受到影响,他们在生理、学业、社交和情感等各个方面的表现也会因此欠佳,所以孩子在上学前充分发展想象力十分关键。大脑能够通过心理想象检索过往的经验,从而使阅读、组织、理解和交流能力达到更高的层次。一项针对 8 岁小学生的研究发现,在记忆单词的任务中,通过视觉化记忆单词的学生的效率是单纯背诵的学生的 2.5 倍。视觉化可以增强自信心、积极性、好奇心和创造力,改善个体的运动表现,为良好的大脑发育打好基础。

激发好奇心和想象力

了解好奇心、想象力、视觉化和创造力的重要性，能帮助你进一步充分利用与学龄前儿童在一起的时间，并帮助他们发展这些能力。

激发孩子的好奇心与积极参与日常游戏同样重要。在家里，你可以采取以下方式：

- 时刻关注孩子。
- 保持积极的态度。
- 鼓励孩子尝试独立完成任务，即使只是一小部分。
- 积极参与孩子的生活。
- 在他们尝试接受或完成任务之后表扬他们。
- 认同他们的回答，采纳他们的意见。
- 寻找他们建议或意见中"正确或恰当"的内容。
- 不强迫他们做"正确"的事。

如果孩子不参与你想让他参加的活动，或者注意力在别的地方，也许你需要激发他的好奇心。你可以对他说，"哇，这看起来很有趣""我们能用这个做什么呢？""来试试吧"……在这个年龄段，你需要和孩子一起参与活动，他们也喜欢和你一起玩耍。

户外活动

前几章已经强调了定期开展户外活动的重要性：户外活动有益于孩子的健康和发展，也有益于增强他们的创造力和好奇心。然而，由于现在生活方式的改变，孩子在户外玩耍的时间变少了。挪威的一项研究发现，在大自然中玩耍可以提高孩子的动作技能；英国的一项研究也发现，当孩子在森林中玩耍时，社交活动也促进了其自尊心的发展。虽然"森林学校"运动（Forest School movement）在增加，但美国的孩子在户外玩耍的时间却急剧减少，新西兰和澳大利亚也是如此。

耶鲁大学的史蒂芬·R.凯勒博士指出，户外活动和接触大自然至关重要，但现代人接触自然的时间却在不断减少。她认为，接触大自然对儿童各个方面的发展都很重要，包括身体、智力、情感、社交和精神。在户外玩耍的时间，特别是在比较关键的儿童早期，对智力发展所需的相关能力至关重要。此外，户外活动还能提高孩子的注意力。通过总结16项关于"在大自然中玩耍"的研究实验，研究人员发现户外活动有利于孩子的健康和发展，特别是能够促进其创造力、想象力、社交能力和扮演游戏能力的发展，提高情商和创造性思维技能。

当孩子在大自然中自由享受开放式的创造性活动时，大脑会以独特的方式来解读新的刺激。

- 自然空间和天然材料能激发儿童无限的想象力，并促进其注意力和创造力的发展。
- 植物、石头和泥土能为孩子提供多种玩法，每次孩子踏入大自然时，玩法都花样百出。
- 孩子能够以自己的方式开动脑筋制定规则。
- 大自然是天然的、能使孩子集中注意力的地方。通常在室外玩耍一段时间后，坐不住的、好动的孩子能有很大改善。
- 孩子可以自由创造自己的世界，无须规定、预设和指导，这样可以促进孩子解决问题的能力。
- 孩子清楚地了解到什么是有效的、什么是无效的；什么思路能成功、怎样做会失败；何时该继续尝试，何时该停止。
- 接触大自然有助于孩子观察不同的样式，因为自然界充满了不同的样式和样式构建。这是一项至关重要的早期数学技能。
- 孩子能发现异同，这是另一项学习技能。在大自然中玩耍能让孩子获得许多分类的机会。
- 在大自然中玩耍通常需要坚持不懈地做一件事。孩子会反复尝试，检查自己的实验是否成功。当树枝没有伸到小溪对面，或者树皮没有盖住建造的小屋或堡垒，他们会继续尝试，直到成功。

在大自然中玩耍能够证明，儿童的智力发展依赖于从大自然中获取的经验。它塑造了孩子的注意力和学习系统，对认知发展来说是不可或缺的。世界上识字率最高的国家（冰岛和芬兰）设有户外日托中心，供孩子们在那里运动、感知、发展人际关系、接触自然环境，进而全面发展。即使在最寒冷的天气里，这些国家也会进行户外游戏。从自然中学习是一个悠久的传统。总之，我们要让孩子尽可能地亲近自然。

抽象思维

孩子在两岁半到三岁的时候已经能够较好地进行对话，有趣的是，这时候他们会开始问一些需要简单抽象思维和想象的问题。这些问题会拓展孩子的思维，但前提是你必须能够接受他们给出的答案，并且尽量不以你对世界的认知和看法来看待这些回答。

比如：

- 为什么房子有窗户？

- 是什么让水壶沸腾？
- 为什么汽车有挡风玻璃？

一个 3 岁的孩子迅速回答，房子里有窗户猫就可以出去了（因为猫刚从窗户跳出去）。一个两岁半的孩子非常认真地思考后告诉我，汽车有挡风玻璃，就有地方放雨刷。这真是令人印象深刻！为了继续交流，你可以问："还有其他原因吗？"这两个孩子会把他们知道的信息都用到回答问题中。我接受了他们两个人的答案，他们也回答说没有其他原因了。即使我的观点可能有所不同，但我仍然认为他们的回答是"正确"的。

想象游戏与创造性活动

当开展一些需要想象的游戏时，祖父母就可以帮上忙了。下面是一些你和孩子可以一起做的、简单且花费不多的活动。

讲故事

讲故事是发展孩子语言、思维，当然还有想象力的绝佳活动。通过想象创造故事或复述童年记忆是开发孩子想象力的绝佳方式。孩子喜欢听有趣的家庭故事，并且永不厌烦。

随着孩子年龄增长,你还可以与其玩故事接龙的游戏。在这个游戏中,一个人开始讲一句故事,下一个人接上一句,然后轮流进行。这对孩子来说有趣极了!一旦玩起来便很难停下。

装扮盒

  如果你有足够的空间来存放一些孩子在出门时可以使用的东西,那就太好了。比如旧帽子、裁剪之后的裙子(他们喜欢闪闪发光的东西),或者衬衫、皮带、一两件披风。

  我儿子很喜欢我们的装扮盒,我经常带着扮成蜘蛛侠或蝙蝠侠的他去超市。剑是他的武器,他为不同场合准备了不同的剑(木剑或泡沫塑料剑),并配有对应的剑鞘。对我的母亲而言,总是优雅大方的她,带着装扮成忍者神龟的孙子进城会有点儿尴尬,但她克服了这种心理障碍,消除了会被任何她认识的人看到的担忧。我也喜欢在路上见到邻居家的孩子扮成消防员、警官或者恐龙。他的外祖母很喜欢他的创造力,而且经常会根据孙子的建议在她自己的服装上加上一些装饰,这样她也可以扮演某种角色。

  作为祖母,我给你的建议是一定要培养孩子的创造力,因为我们的孩子将来非常需要这种能力。在决定是否要把某种东西放进装扮盒之前,不要扔掉任何东西。

美术与手工

在培养孩子的创造力和想象力时，画画和做手工都是很有意义的活动。请保存有趣的盒子、容器、包装纸和缎带、纸巾卷、衣物碎片、羊毛、空线轴和类似的物品。我的婆婆曾经是一名老师，她收集了许多东西，能让我的孩子自由创作。她很喜欢看我儿子的创作过程，还喜欢在制作过程中与他聊天。等孩子回家，他会好好保存这件复杂的作品和有关制作过程和用途的详细描述。这充分发展了我儿子的想象力和创造力！

你可能并不喜欢油漆、蜡笔、纸张、剪刀和相关的材料，因为一旦创作起来孩子可能会把家里搞得一团糟。如果院子里有栅栏或墙壁可以粉刷，一把画笔和一小桶水就可以给孩子提供无穷的乐趣。

建造小屋

这是另一项能给孩子带来无穷乐趣的活动。计划好可以使用的材料，比如提供一些纸箱（纸箱是建造小屋的最佳选择）和毛毯。塑料野餐盘可以让孩子拿来做饭，在小屋里想象喝茶的场景也非常有趣。建造小屋不是一件容易的事，但值得你为之付出时间。

如何帮助你的孩子培养想象技能

不会爬行的宝宝

- 在户外的垫子上开始练习爬行,让孩子能够以一种新的方式看到、摸到、听到和闻到周围的世界。
- 阅读简单的插图书籍。白纸黑字是最容易识别的。简单的、平面的、轮廓清晰的图画书非常适合你的孩子。
- 与孩子玩耍,让他们的视觉感受丰富起来,让他们体验各种感觉。
- 为孩子提供各种玩具,如可以摇晃的拨浪鼓、挤压时会发出吱吱声的柔软玩偶,以及其他不同质地的玩具,让他们了解事物的外观、触感、味道、声音、气味和运动方式。
- 抱着孩子跟随童谣的旋律晃动,让孩子感受到动作,并在脑海中记住歌曲的声音,以及晃动时的感觉。《一闪一闪亮晶晶》是一首深受宝宝和成人喜爱的童谣。

学会爬行的宝宝

- 允许他们在橱柜内、床下、房子里和花园周围进行探索,最好光着脚,这样他们就能对自己看到的东西有更真切的感受。
- 大声朗读图画书。确保插图简单,经常给孩子讲故事。

- 玩躲猫猫游戏。这会使你的孩子记住围巾后有人，并能够想象这个人是谁。注意：孩子在9个月大之前并不具备客体永久性的概念，所以小宝宝会忘记围巾后面有人。
- 准备一个特殊的箱子，里面装着样式和发出的声音都不一样的日常用品。比如皱纹纸和软刷子，不同形状和大小的积木（尺寸不能太小，防止被误食），颜色、质地和大小都不同的球，一个桶和铲子（还可以当鼓用），塑料容器，装米的瓶子（将干燥的大米装在一个密封的小塑料瓶中，盖子拧紧）。

学步儿

- 设置障碍路线，让孩子感受不同的动作和触觉体验。
- 参观当地的公园、游乐场、海滩、农场、动物园，让孩子获得各种感觉和运动体验。
- 参加"脏脏游戏"（一种不怕宝宝把一切弄得一团糟的游戏）。提供橡皮泥、无毒手指涂料、黏土、泥土、水和沙子，最好在室外玩耍。
- 运用不同的面部表情、噪音和触感来发展孩子的视觉化技能。
- 使用水、沙、泥、黏土、面团、颜料和各种天然材料为孩子提供感官体验。
- 提供不同质地和颜色的面料、纸张、海绵,让孩子谈谈他们的感觉并形容这些物体的样子。
- 阅读书籍、分享故事和演唱有节奏的童谣。

学龄前儿童
- 聆听古典音乐,用打击乐器演奏音乐。
- 鼓励使用积木等物品进行开放式游戏。积木可以被视作汽车、电话,也可以拿来搭建物体;纸箱也可以起到相同的作用。
- 为创造性游戏提供建筑材料,并询问"你能建造什么?"。
- 鼓励孩子多多练习他们的动作技能,以便他们能够建立运动模式的记忆,在脑海中想象,并付诸实践。
- 与孩子一起玩,发展他们的视觉化技能,让他们能够体验不同的声音、视觉和活动。
- 允许孩子在"自由游戏"期间发挥想象力,玩自己编的游戏。他们可能想让你加入并扮演海盗、科学家、鳄鱼猎人或士兵。无论他们决定什么,重要的是你要遵守他们的游戏规则并认真执行!毕竟,这事关他们的心理想象和创造。

- "猜猜我看见了什么"游戏对于这个年龄段的孩子来说很不错,尽管他们还不熟悉物品的名称和发音,但他们可以使用颜色来描述,例如,"我的眼睛看到了绿色的东西"。为了扩展他们的想象力,你可以继续询问,比如"它是软的吗?",孩子必须回答"是"或"否"。不断地问问题,直到你能猜对为止。

- 询问有关他们一天生活的问题。比如你做了什么、你看见谁了、你去哪儿了、你穿了什么衣服、你是怎么到那里的……这样的提问可以鼓励孩子在脑海中重现视觉图像,然后将其表达出来(对孩子而言,这是相当困难的)。

- 去野外散步,收集可保存的物件,比如有图案的叶子、花、树皮、树枝和苔藓等。我经常带着我4岁的孙女在街区周围散步,收集物体填满她的工艺盒。她14个月大的弟弟也喜欢跟我们一起,并为工艺盒增添"藏品"(不过要做好抱着小家伙回家的准备)。她已经开始注意到树木有不同的"季节",树叶会变色,花儿有枯荣。在我们最近的一次散步中,她说:"下次梧桐开花的时候,我要收集一堆花瓣,为妈妈做一条项链。"她的想象力和创造力随着她对世界运行方式的了解而绽放。

外出参观

建立一个信息库对孩子来说很有帮助,参观真实的工作场所为创造性的大脑提供了极好的信息来源。花时间观察正在发生的事情,给孩子提问的机会。去看看爸爸妈妈的工作场所,我们可能对此不以为意,但在孩子到达那里之前,他们是无法想象父母是在什么地方工作的,以及父母是做什么的。所以,如果你需要在孩子父母工作的时候照顾他们,试着安排一个时间,带着孩子去看望他们的父母,即便时间很短,比如午休时,这样全家人还可以一起吃午饭。有些公司特别为此设立了家庭日。

参观父母的工作场所对孩子建立心理图像来说很重要,不过参观其他工作场所也很不错,比如博物馆、机场、水族馆和允许儿童参观的食品制造厂等。尽管现在的安全条例很严格,很难进入工厂等工作场所,但可以尽力试试(在规定允许的情况下)。根据我侄子杰克的说法,我最厉害的时刻是带他们去"惊喜"郊游的时候。我们上了车,我说他们可以告诉我怎么走,看看我们能不能找到惊喜。当时杰克已经懂得分辨左右,所以他负责指路,最终我们成功抵达了新西兰航空公司的维修基地,并在一个工作人员的带领下进行了参观。当他28岁时,他仍然很惊讶,他是如何成功将我们带到那里的。他不知道这是因为魔法还是他的聪明才智,还是只是惊人的运气。他没有忘记这段美好的时光。然而，其他的郊游并没有那么顺利，比如我带另一个侄子去动物园的那一天。他短暂地瞥了一眼刚刚走过的动物，却将注意力完全放在我们乘坐的牵引车的车轮上。我试着喂长颈鹿来分散他的注意力，但最后，我们还是把大部分时间花在了牵引车上，陪他看着牵引车的轮子。所以，如果那些你觉得有趣的东西并不吸引你的孩子，请不要气馁。

小结

通过好奇心、视觉化和想象力培养创造力对于孩子之后的学习非常重要。本章中的任何建议都值得你借鉴,如果孩子可以拥有这些能力,对他们的生活帮助很大。

大多数建议的实施并不需要高昂的花销,但需要耐心、理解和时间,这些都是孩子的父母难以提供的,但这对祖父母来说却非常简单。比如我邻居家孩子的祖母,她简直是培养创造力的博士。只要她的孙子告诉她要模仿什么,她就可以穿上不同寻常的服装;她会在一棵树下花很长时间,帮助她的孙子寻找一些东西;她会一遍又一遍地讲同一个故事,一遍又一遍地唱同一首孩子想听的歌,她还会帮助她的孙子为他提出的众多问题找到解决办法。她的耐心令人钦佩,我喜欢看到她给孩子们的惊喜。因此,如果你必须在购物时扮演某个角色,不要担心别人怎么想,因为你正在以最好的方式培养孩子的创造性大脑。这一阶段的时间不会很长,但会给孩子带来非常持久的影响。享受这段时光吧!

第九章

买礼物

我想很多读者都会直接阅读这一章。我记不清有多少次，我的朋友来问我"买什么礼物最有助于孩子的发展呢？"。选择实在是太多了，而且我们也很难从种种营销宣传中挑出最适合孩子的礼物。因此本章旨在为你指明方向。不过要记住，在这个世界上，对孩子来说最重要也是最需要的，是你和你的爱，而不是昂贵的、精美的礼物。

祖父母有时想给孩子买一些大件礼物，比如婴儿车、安全座椅或自行车。在决定购买大型物品之前，祖父母一定要和孩子的父母商量。他们可能对物品的特征、样式或颜色有特定要求。和他们说出购买意向，让他们选择要购买的物件。

如果你打算给心爱的孩子买小件的物品作为礼物，那么你需要花些时间来考虑一下你想让孩子玩什么、礼物的作用是什么。除了价格，你还需要仔细考虑以下问题：

- 玩具要适合孩子的年龄和发展技能水平，并具有长期的吸引力。试着问自己：这个玩具对孩子在任何发展领域都有帮助吗？它能激发孩子的创造力吗？
- 易损坏的劣质玩具只会让人担心。想想这个玩具对孩子来说安全吗？耐用吗？
- 尽管一些电动玩具和玩偶在某一瞬间很吸引人，特别是在广告宣传中会将其夸得天花乱坠，但实际上它们的玩法非常有限。在购买前你要想想这个玩具有其他的玩法吗？在孩子收到这个玩具一周后，还会觉得它有趣吗？
- 优质的玩具经久耐用。在购买前你要问自己：这个玩具能让我的孙子、孙女玩很久吗？
- 好的玩具在孩子的不同年龄段都会给他们带来新的挑战。你需要问自己：随着孩子长大，这个玩具会一直给他带来新的挑战吗？
- 玩具要安全。玩具是否符合安全标准，是否合乎安全要求？是否含有任何可能脱落并可能导致窒息的小零件？是否容易清洗？

所有启蒙玩具都应做到定期清洁，还应检查它们是否有损坏或缺陷。任何出现裂缝或破损的玩具都应该被更换掉。大多数启蒙玩具的设计都考虑了孩子可能会出现的粗暴玩法，但仍存在破损的可能。

小孩出生前或出生后不久，祖父母该买什么

祖父母通常喜欢买椅子、婴儿车、婴儿床这种大型物品。因为如果这些家具保持干净、完整的状态，可以外借、留给后代、交换或回收。

摇椅

摇椅对孩子的发育非常有益，不仅可以在你给宝宝喂食或阅读时帮助其放松，还可以刺激孩子的前庭系统。轻柔的摇摆运动能促进孩子发展肌肉张力、平衡力和视力。每一位新妈妈和宝宝最好都用摇椅。

婴儿车

拥有一辆能让宝宝平躺的婴儿车对他们的发育非常有益。这为宝宝提供了一个独特的机会，能让他们在醒着的时候躺在婴儿车里四处行走。这会为他们带来更多的视觉体验，能帮助宝宝加强肌肉的张力。此外，这对建立亲密关系、沟通

交流和语言能力的发展也很有好处。

如果要购买婴儿车，除了尺寸、价格、颜色和实用性，还需要考虑一些其他重要的因素。以下是购买婴儿车的小提示（从孩子发育的角度出发）：

- 孩子必须能完全平躺在车上。车必须可以调节，这样约8个月大的宝宝一旦可以坐起来，并出现向一侧倒下的情况时，就可以把婴儿车的靠背轻松调整到倾斜的位置。婴儿车最好能调整成适合睡觉的角度，这样即使是针对大一点儿的孩子，也能轻松适应他们的需求。人们发现坐着睡觉的宝宝会出现大脑供氧不足的风险，所以平躺不仅是最好的睡觉姿势，而且更安全。
- 婴儿车必须有足够大的空间，这样孩子才能扭动、伸展四肢和翻滚。
- 婴儿车最好能让孩子面对推车者，这样孩子在婴儿车里就能看到是谁在照顾自己，会感觉更快乐、更安心。

婴儿床和移动式婴儿床

婴儿床和可移动式婴儿床最重要的一点是要能够让孩子安全地仰卧睡觉，从而降低宝宝猝死综合征发生的概率。每个国家对于婴儿床侧杆之间的间隙、栏杆的高度、床垫和婴儿床的空间都有严格的安全要求。婴儿床的床架可以是二手的（只要它符合安全标准），但不要重复使用旧床垫。人们发现旧床垫含有一种有毒细菌，会增加宝宝患猝死综合征的概率。在使用新床垫前，应先拆下床垫的塑料包装通风，然后安装可洗床垫保护套和床笠。床垫含有阻燃剂、防霉剂和防水剂等化学成分，通风有助于减少这些成分对宝宝造成的直接化学伤害。

摇篮

摇篮不是必需品，但许多父母喜欢把孩子放在卧室里，让他们睡在身边。从发育的角度来看，摇篮最好能够轻轻摇晃、摆动。这不仅有助于宝宝睡眠，而且可以像摇椅一样刺激宝宝的前庭系统、感官，并稳定他们的情绪。摇篮必须足够安全和坚固，以免侧翻。

宝宝安全座椅

使用安全座椅无疑是开车载宝宝最安全的方式，但平常最好还是把座椅留在车里。它们体积庞大，又很沉重，不适合宝宝在其他地方使用，宝宝在座椅里面不能伸展或移动身体，而且由于姿势蜷曲，摄入的氧气量也减少了；来回搬运座椅也会对成年人造成伤害。如果你要把孩子从车里抱出来，就只抱孩子，哪怕孩子睡着了，也要把座椅留在车里。

给新生儿的礼物

新生儿在发育过程中需要爱、食物和安全的睡眠环境。当他们醒着的时候，他们需要能够以俯卧的姿势自由活动，而不是被包裹在襁褓里。虽然给宝宝的礼物不是他们立即就用得上的，但祖父母通常也觉得有必要送一份。考虑到宝宝确实成长和发育得很快，以下是给为出生几个月的宝宝买礼物的祖父母们的建议：

游戏垫

首先是最基本的游戏垫。在宝宝学会爬之前，游戏垫对其发育非常有益。无论宝宝身在何处，游戏垫都能让俯卧的宝宝感到愉快、充满兴趣，也利于宝宝发展大小肌群、视觉技能，手眼协调、脚眼协调能力等。你可以在家里找到一些安全的、看起来有趣的物品放在游戏垫上。

悬挂饰物

宝宝对挂饰很是着迷。虽然他们出生时的视力非常有限，只能看15~30厘米的距离（正好是母亲的乳房到脸之间的距离），但在出生后的几个月，他们的视力会得到迅速提高。宝宝会注意到色彩对比度，如黑色和白色的对比、阴影和闪烁的光线的对比。挂饰会飘动，产生阴影，进而极大地刺激视觉，提高宝宝深度感知和距离感知的能力。购买挂饰时，要从下面看看它，这才是宝宝的视角。有些设计对成人来说很有趣，但从宝宝的角度来看却很无聊。

一开始可以买一些形状各异的黑白饰物，以突出鲜明的对比。一两个月后，可以买一些颜色明亮的挂饰，如红色、黄色或橙色。宝宝在1个月大时就可以区分这些颜色，但是想要区分蓝色和紫色还需要等他们再大些。虽然人们认为婴儿从出生起就可以分辨颜色，但事实上他们的大脑还没有建立起能明确区分颜色的通路。当宝宝抬头时，明亮的颜色会和天花板形成对比。

挂饰会让宝宝变得兴奋，兴奋会刺激他们运动。一开始，可以将挂饰悬挂于距宝宝头部约30厘米的地方，然后逐渐将距离延长到45厘米，以鼓励他们伸手和踢腿。这样可以促进宝宝大肌肉和精细运动能力以及手眼和脚眼协调能力的发展。购买或自制一个可以更换部件的挂饰，这样孩子就不会感到无聊了。

玩具

孩子的玩具要能够促进其视觉技能、手眼协调能力、精细和大肌肉运动能力的发展，还要对其触觉和口腔产生刺激。柔软、有弹性（不是毛绒绒）的玩具，能让孩子抓取、挤压、揉捏和咀嚼，是较为理想的选择。小宝宝喜欢听拨浪鼓晃动的声音、喜欢感受并吮吸柔软的橡胶或塑料玩具。玩具应该有鲜艳的颜色（像挂饰一样），有强烈的色彩对比，这样宝宝就能轻松看到它的轮廓和形状。

虽然这个年龄段的宝宝能看到其他人的脸是最好的，但简单的、带有黑白图案的纸板书也很不错。出生后 4～8 周的孩子色觉逐渐成熟，这时就可以给他看图案简单的、色彩鲜艳的平面图画书了。

音乐

给宝宝听童谣和摇篮曲对他们言语和语言能力的发展很重要，童谣和摇篮曲也具有安抚作用。而新手父母往往缺少这些资源，因此，下载歌曲或购买 CD 成了最佳的方式。我们要保证选择的曲目是舒缓的、专为宝宝制作的。宝宝会感受音乐的节奏，所以好的节奏很重要。

天然纤维制成的衣服

天然纤维制作的衣服更好。棉花和羊毛透气性良好，可以让宝宝的肌肤自由"呼吸"。有弹性的织物可以让宝宝的四肢自由活动，对其很有益处。光脚最能促进宝宝发展，所以在安全的情况下，不要包裹住孩子的脚，可以购买无袜的"宝宝连体服"，或者购买在孩子醒来时可以将脚露出来的套装。

给 5 ~ 11 个月孩子的礼物

大一点儿的孩子喜欢玩各种不同声音、质地、颜色和口味的玩具。在这个年龄阶段，他们会把所有东西都拿到嘴里尝尝味道！空心积木或盒子、柔软的玩具、沐浴玩具、旋转的陀螺、拨浪鼓、不可拆卸的发声玩具、轻巧的塑料块、有洞的大邮筒、大软球和空盒，这些都对会爬的宝宝充满诱惑力。

婴儿秋千

对 8 ~ 10 个月大、已经能够自己坐起来的孩子，我认为婴儿秋千是最佳的礼物选择。婴儿秋千可以发展前庭系统、视觉、肌肉张力和核心力量，同时趣味十足。再小一些的孩子，则完全可以由你抱着——你可以抱着孩子摇摆、轻晃和旋转。如果你觉得抱着孩子太重了，可以让孩子躺或坐在你的膝盖上摇晃。

音乐

音乐对幼儿的重要性值得一再被强调。音乐和节奏能多方面地刺激孩子发展，帮助大脑为语言、感知时间和做动作做好准备。其中，多样性和享受感是听音乐的关键，你可以选择一些节奏鲜明、节拍轻快的音乐。

一对沙槌

这是最理想的第一件乐器。沙槌的声音能极大地帮助孩子发展听觉和视觉技能。它的末端很窄,因此容易握持。孩子会伸手去拿沙槌,将其摇来摇去。沙槌能够促进大肌肉和精细运动能力、手眼协调能力和思维技能的发展,也能培养孩子良好的节奏感和节拍感,这对未来的语言和数学学习非常重要。

球、泡泡和气球

孩子喜欢大小不一、形状各异的球类、泡泡和气球,这些物品可以促进孩子视觉等能力的发展与提高。孩子或抬头跟着球转头,或爬着追赶,从而促进其俯卧时的肌肉强化和原始反射的整合。

大珠项链

妈妈们在哺乳期间戴这种项链非常好,它不仅能在喂食时帮助安抚不安的宝宝,而且对其手部精细动作能力的发展和视觉技能的发展也很有帮助。项链要坚固,制作材料要安全,因此你需要仔细检查标签信息。

书、书,还是书

给孩子读书是一项轻松愉快的活动。阅读可以刺激孩子的语言能力、听力、沟通能力和视觉技能发展。为促进视觉技能发展，书中的插图最好是简单易懂、轮廓清晰的图画。内容简单、材质坚固的平面图画书是最佳选择。在创作该年龄段图书的众多作者中，我最喜欢的是迪克·布鲁纳。他的书插图简明易懂，故事短小精悍、颇为有趣，很少有书能与之比肩。

礼品禁忌

不要送破损的或者带有可拆卸小零件、未经政府安全机构认证的玩具，也不要让孩子接触任何电子屏幕。一些浅色系的"婴儿玩具"在成年人看来可能很可爱，但可能无法吸引孩子。因为如果玩具的线条不明显，孩子就无法看见。

我尤其要提醒各位不要买以下3种物品，它们并不利于孩子的发展。

婴儿学步车

婴儿学步车对宝宝的发展没有明显的好处。研究发现，它不仅存在重大的安全隐患，而且相比自然发展相关技能的孩子，使用婴儿学步车的宝宝在学习爬行、站立和行走时都更为缓慢。学步车还会大大增加宝宝因跌倒、烧伤、中毒和溺水而受伤的风险。

学步车的问题在于宝宝在走动时无须承担自身的重量，上半身、背部、腹部和腿部的肌肉和骨骼不能通过正常走动来获得力量，进而影响到宝宝的姿态和平衡。神经系统因无法获得基本的感觉信息，所以难以协调和控制身体，而这些信息通常是通过各种姿态的爬行来获得的。因此，婴儿期的原始反射便很难得到抑制，强大的姿势反射也难以建立。这对身体发育和思维能力都有长期且持续的影响。研究还发现，用过学步车的孩子在智力任务中的表现同样不佳。

跳跃摇摆支架

它和学步车基本属于同一类。它的座位可摆动，将宝宝悬挂起来，鼓励他们在地上弹跳。这会导致宝宝丧失爬行这项基本技能，长期使用会损害宝宝的神经系统和身体。

任何将不能坐的宝宝固定在座位上的椅子

让不会坐立的宝宝坐着可能会扰乱其动作技能的自然发展，而每一种动作技能都对孩子未来的学习和发展起着重要的作用。过早学坐会减少孩子的爬行时间，导致孩子的运动机会和运动经验减少，也无法在学习安全地爬行和坐立，保持稳定的姿势而不摔倒的过程中获得更多重要反射的发展机会。过早学坐的宝宝更容易趿拉着走路，而这种不良的运动发展模式表明宝宝仍存在影响发育和运动的早期原始反射。

宝宝动作技能发展的正确顺序应当是：滚动、转动、向后倒和向前倾、趴着转圈、用腹部发力爬，然后用四肢爬行。此时，宝宝开始用手和膝盖爬行，试着自己坐起。因此，从发育的角度来看，宝宝在 8～10 个月之前没必要学坐，要等到学会四肢爬行后再开始学坐。

宝宝的腿、手臂、肩膀和背部的肌肉力量通过俯卧爬行得到充分发展，这时大脑已经足够成熟，产生了有助于平衡、姿态维持、稳定地健康发展的重要姿势反射，之后，宝宝才能够坐立。

给 2 岁以下幼儿的礼物

在孩子 18 个月之前，根本不需要任何昂贵的玩具。闪闪发光、皱皱巴巴的圣诞包装纸可能比里面的礼物更令他们兴奋！刚会走的孩子可能更喜欢橱柜里的锅碗瓢盆，或者抽屉里的塑料容器。纸板箱可以做成汽车、消防车、公共汽车或火车。如果你认为有必要购买玩具，要记住这个年龄段的孩子是通过运动和感觉来学习的，所以你买的玩具要能够刺激他们的感官和肌肉运动。

当孩子开始走路时，要给他们准备简单的材料，因为他们总是在进行各种建造实验。玩具种类多固然很好，但不要一次性全给他，让孩子轮流着玩，这样刚会走的孩子每次都能玩到"新"的玩具。对 2 岁以下幼儿，建议提供以下玩具：

平衡车

平衡车是我认为作为幼儿礼物的最佳选择。他们虽然在

1岁时还没有完全发育好，但在14～18个月大的时候就可以开始骑平衡车了。学步儿坐在这种无踏板车上，用两只脚蹬地推动车前进。这有助于幼儿身体两侧发育成熟（因为身体两侧同时在做同样的工作），并有利于发展下一个技能：跳跃。这为日后更复杂的技能奠定了基础，使身体两侧能够同时做不同的动作，比如在他们两岁半到三岁时学习骑三轮车（蹬踏动作，一条腿向上时，另一条腿向下）。

可以推拉的玩具

学步的孩子能够开始走路后，可以推拉的玩具就能极大地促进他们平衡能力和肌肉力量的发展。如果推的物体太轻，孩子就容易摔倒。在玩具内放置一些重物（如两块家用建筑砖），可以帮助孩子控制玩具。孩子更喜欢能出声的玩具。他们可以在大型推拉式货车里放入不同的玩具和物品，这也很有趣。

攀爬架、滑梯、梯子、秋千

刚会走路的小孩子免不了爬上爬下。他们喜欢挂在梯子、秋千、滑梯或者栏杆上。为了保护浴室的栏杆，一套能让孩子挂着玩的娱乐设施肯定是颇受欢迎的。当然，空间是最先需要考虑的问题。如果孩子住在没有院子的公寓或房子里，你可以购买独立轻便的秋千、梯子或滑梯，这样在使用后可以收起来。

乐器

打击乐器，如鼓、铃铛和三角铁，很适合让孩子伴随音乐去活动双手。这些都是很好的礼物，可以帮助孩子学习节拍和节奏。

塑料"贝壳"

这些礼物可以用来玩水上游戏或挖沙坑，再配上小桶和铲子。不同大小的塑料"贝壳"还可以漂浮在水面上（当作小船，在浴缸中使用）或用来玩水。

仿真物品

这个年龄段的孩子喜欢模仿和积极参与日常活动。玩具电话（现在的智能手机或蓝牙电话）、微型园艺工具、家用工具（如扫帚、拖把或吸尘器）、仿真割草机、仿真娃娃和婴儿车都很受欢迎。

精细运动能力玩具

这个阶段的宝宝手部和手指控制的精细程度仍在不断发育中，因此他们需要易于操作和握持的物品，比如黏土（可购买或自制，详见后文的配方），粗蜡笔或粗粉笔搭配大张图画纸，柔软、可挤压的发声动物玩具。

积木很受欢迎，因为孩子总是喜欢堆高、推倒一些物体。这时候孩子就可以玩乐高得宝（大颗粒的乐高防吞咽，易拿取）系列了，你可以选择买二手的乐高。积木只会变得越来越多，所以要给孩子准备一个大箱子！无论购买还是自制，束口收纳袋这种很容易获得的物品，可以让"打包"变得轻松又愉快。孩子长大了也可以继续玩得宝系列，因为大型积木可以搭建成更大的车库和屋子，用来存放其他乐高飞机或车辆。这种玩具可以玩很久。我的孙子、孙女正在玩 40 年前我为他们的父母购买的乐高，它们被收纳在同一个束口袋里！

书

对于这个年龄段的孩子来说，书必须非常结实。书页精美易翻的纸板书是最佳选择。在读故事的时候要让孩子也参与进来。这些书的图片要比给小宝宝看的更精细一些，但孩子的注意力集中的时间很短，因此每页只需几个词语就足够了。埃里克·希尔的作品很适合这个年龄段的孩子。

发展大肌肉运动能力的室内玩具

一条可以爬的隧道（可能是由一排椅子和毯子组成的），用于踢、投、接和追的大小软球，锤击装置（锻炼上身、手臂和手的肌肉），一匹摇摇马。

如何自制黏土玩具

黏土能很好地促进孩子手和手指的发育,等孩子大一点儿,还能开发他们的想象力和创意能力。考虑到孩子喜欢把东西塞进嘴里,而且越来越多的孩子存在食物不耐受的问题,我为你准备了两种黏土配方,可以确保它们的成分是安全的。其中一个配方不含麸质,另一个则为麸质耐受的孩子所准备。

含麸黏土	不含麸黏土
成分:	成分:
1杯面粉	1杯米粉
1杯水	1杯玉米面粉
1/2杯食用盐	2杯热水
1汤匙食用油	1杯盐
1汤匙塔塔粉	4汤匙塔塔粉
食用色素	2汤匙植物油
	食用色素
做法:	做法:
在平底锅中将所有原料混合并搅拌均匀,用小火煮至它们变得像黏稠的面团。把面团从锅中取出、冷却后,均匀地分成你想做的几小块,加入食用色素,调制成孩子想要的颜色。把它置于密闭容器或密封袋中能储存更久。	在平底锅中用中火将玉米面粉、米粉、水、盐和塔塔粉搅拌并煮至黏稠,待冷却后加油。在撒了玉米面粉和米粉的砧板上充分揉搓,将面团分成数块,以便加入不同颜色的食用色素,调制成孩子想要的样子。

礼物禁忌

- 这个年龄段的儿童喜欢把东西放到嘴里，因此应避免任何可能会脱落或可以"粘"到身体各"开口处"（如鼻子）的物品。
- 避免阅读图片复杂、文字太多的书。学步儿注意力集中的时间只有 1～2 分钟，但他们喜欢看书，乐于把书翻来翻去。
- 避免让孩子接触有电子屏幕的任何礼物。2 岁以下的儿童能在与周围世界的交流和互动中学到更多。
- 避免不结实、不耐用的廉价塑料玩具。劣质玩具在这个年龄段的孩子手里撑不过一天，最主要是不安全！

给 2 岁孩子的礼物

2 岁大的孩子还在积极探索自己的世界，每天都在了解有关自己和世界的新知识。他们仍处在加强大肌肉控制的阶段，所以这个年龄段孩子的玩具要坚固且刺激。他们还非常喜欢玩滑梯、梯子、秋千和攀爬架。这个阶段他们仍在磨炼骑平衡车所需的技巧，但快到 3 岁时，他们就能学会骑三轮车和带轮滑板车。这个年龄段的孩子还喜欢可推拉的玩具。

他们注意力的集中时间增加到 4~6 分钟，因此他们能更专注于穿珠子和堆玩具等游戏。

黑板和粗粉笔

对于 2 岁及以上的孩子来说，最好的玩具是黑板，越大越好，越方正越好。孩子在最初练习绘画时会画得较大，所以他们喜欢在墙上涂涂画画。黑板和粉笔是儿童最好的绘画工具。孩子能感觉到粉笔的质地，这会向他们的大脑发送有关触觉和运动的重要信息。他们不仅可以在墙上看到自己的艺术作品，还可以动用大小肌肉来创作。这对 6 岁以下的孩子来说尤其重要，因为他们仍然需要学习控制肩膀和手臂的大肌肉，以进一步控制手和手指的小肌肉，为写字做好准备。"粗短的粉笔"非常适合 4 岁以下的孩子，因为他们很容易抓握和操作粉笔，且不容易把粉笔折断。你可以从大商店购买粉笔和黑板擦。

虽然黑板可以购买，但对于这个年龄段的孩子来说，能买到的黑板都太小了，而自制一块黑板并不困难。尽管可以用黑板漆粉刷墙壁、厨房橱柜或门的背面，但最好是做一块黑板，可以固定在墙上或者其他地方，不用时可以收起来。你也可以做两块，一块放在你的家里，一块放在孩子的父母家里。最好把黑板放在孩子经常待的家里的某处，如果位置太偏僻，那肯定是用不上的！孩子喜欢在离你近的地方玩。

如何做黑板

- 空间足够的话，买一块 2 米 ×1 米的纤维板（或类似材料）。黑板应大于孩子手臂完全伸展时的宽度。
- 在安装前，在板子的光滑面涂上两层白色密封漆，轻轻打磨，再涂上两层黑板漆。待完全干燥后，用粉笔涂满。你需要一支白色粉笔，用它涂满整个板，然后用板擦擦拭干净。注意，如果不先用粉笔涂满，黑板就不能用了。
- 安装。使黑板中部和孩子下巴齐平。如果黑板很大，就让黑板底部沿着地面贴，也可以用螺丝或胶水把它固定在墙上。
- 在黑板底部放置一个木制槽，用来放粉笔，防止粉笔灰撒落到地板上。不要把黑板装在地毯上方，除非底部有一条 30 厘米宽的塑料条来接住粉笔灰。

以下列出了适合 2 岁儿童玩的其他玩具。这些玩具能够让孩子运动起来，改善其平衡能力，发展跳跃等大肌肉动作技能，还能让孩子以各种方式使用工具，进而加强对较小肌肉的控制，同时探索和理解工具的工作原理。

沙坑和玩水

这个年龄段的孩子越来越富有想象力，喜欢通过玩水或玩沙来获得满足感。但是有时候孩子会因此弄得脏兮兮的，所以你需要一个户外场地，比如花园或者阳台。水桶、铁锹和可以倾倒、挖掘、敲打和"制作"的玩具都非常适合拿来玩沙、玩水。

精细运动能力玩具

孩子的手指越来越擅长操作任务，因此越来越会玩穿线、摆放和张贴的游戏。木制镶嵌拼图（4～7块）、大的彩色珠子、形状分类器、堆叠玩具、粗画笔和无毒的水溶性绘画材料都很好，他们也很喜欢用手画画。橡皮泥和黏土也很棒。

乐器与音乐

如铃铛、鼓、钟琴或音乐盒，以及鼓励孩子动起来的MP3、CD或DVD。

给3～5岁孩子的礼物

这个年龄段的孩子正在进一步加强精细肌肉控制能力，同时大肌肉也在继续生长。他们的想象力不断发展，喜欢玩扮演游戏（扮演丛林中的老虎、消防员、妈妈或爸爸）。他们仍然喜欢秋千、滑梯和攀爬玩具、水上和沙滩游戏以及户外活动。这个年龄段的孩子注意力集中的时间较长，能够集中精力完成12～15分钟的任务。他们喜欢解决问题和进行实验，喜欢开始收集在散步或花园中发现的"东西"，也非常喜欢使用新工具，比如剪刀和胶水。通常情况下，话也会变多。

大肌肉运动技能玩具

我认为给3岁孩子买三轮滑板车、给4岁孩子买两轮自行车（他们的平衡和动作控制能力逐渐得到提升）是最为合适的。三轮滑板车很适合3岁孩子，到他们4岁时，就可以送给他们带训练轮的两轮自行车。如果有足够的练习时间，到他们5岁时就可以拿掉训练轮。球类运动也很不错，比如儿童足球（或者任何类型）、塑料高尔夫球杆和球。跳跳马、摇摇马、可推拉的马车（能坐下别的孩子或放置许多物品）也很好。

精细运动能力玩具

通过简单的投掷游戏来帮助孩子发展精细运动能力。比如绑着球的球拍、钝头剪刀、胶水、锤子、钉子和软木、沙包和靶子、泡泡机、玩具火车和玩具汽车。

脑力游戏

图片配对玩具、简单的建筑模型玩具、放大镜、9~12块的拼图、记忆力玩具,如简单的"注意力集中"训练玩具。

想象力和创造力

在一个样板房里组建一个"家庭"就可以激发他们的想象力和创造力或者组建一个"农场"和"动物园",可洗、不易破损、可换装的娃娃,扫帚、掸子和拖把等家务用具,木偶,简易工具,放大镜,用来"打扮"的装扮盒,包括太空头盔和消防帽等。

蹦床

这里需要特别提一下蹦床。它能很好地促进孩子平衡能力、协调能力、肌肉力量和张力的发展,刺激身体各种感觉和肌肉,确实对身体很有好处。实际上,这是可购买的、能够促进孩子全面发展的最有效的运动器材。但是,孩子必须要在成年人的监督下使用,且每次只能有一个孩子单独在装有安全网的蹦床内玩耍,才是安全的。虽然安全网可能会妨碍孩子空间意识的发展(如蹦床边缘在哪里,如何才能稳在中间?),但是过去几年频发的蹦床事故说明,家用蹦床必须安装安全网。你也可以为孩子买一个小的、接近地面高度的、没有安全网的蹦床,或买一个反弹蹦床。但你依然要全面监护孩子,如果做不到,就不要买蹦床。记得先和孩子的父母确认一下,因为这是一个大物件,他们可能会有特殊要求。

书

这一年龄段的图画书在文字和图片上都比学步儿时期的更为详细。有很多很棒的图画书,按孩子的喜好来买就可以了。如果孩子喜欢读书,图书馆就是最好的地方。这个年龄段的孩子也喜欢贴纸、贴纸书和简单的益智书籍,孩子可以在书中寻找匹配的图片或隐藏的物品等。

相比买一本书,更好的礼物是花时间给孩子做一本书。

创作自己的书

创作自己的书可以开发孩子的创造力,你也可以与他一起享受剪裁、粘贴和编故事的乐趣。任何活动都可以成为这本书的主题,比如一次短途旅行(去海滩、动物园、博物馆或拜访某位朋友)。

材料

- 废纸、废书、打印纸。

- 剪刀、胶水或胶带。
- 各种精美杂志和照片,尤其是多余的家庭照片。

制作

- 将纸张对折成所需大小,在折叠处装订。
- 让孩子选择要用哪张图片,并把图片粘贴到书中。在每张图片的背面,用约4厘米的大号字体写3~4个单词。重复这个步骤,你就有了一本和孩子共同制作的趣味书。
- 把孩子经历的或看到的事情做成书,能够激发他们对书籍的热爱,引导他们认识文字,并帮助他们与周围世界互动。

礼物禁忌

尽量避免让孩子接触与电子屏幕有关的礼物,如某些能观看节目的电子产品。话虽如此,还是有一些游戏和视频能让孩子唱歌、跳舞,活跃起来。可以给农村地区的儿童购买在线音乐或课程,比如在亲亲袋鼠早教中心的官网上,就可以购买下载相关资源。

小结

走在玩具店的过道上,两侧的玩具真是让人眼花缭乱,有那么多玩具可以买给孩子。在挑选之前,了解孩子的技能发展水平是很有帮助的。希望本章的建议能让你对适合不同年龄段孩子的礼物有一些了解。请记住,这个列表只是建议,孩子的发育程度各不相同,有些孩子能够做某些活动的时间会提前。例如,孩子可能已经3岁了,但还不会骑三轮车,而另一个孩子可能在两岁半的时候就会骑三轮车了。如果你不知道孩子处于哪个发展阶段,或者你住得离他们很远,不知道他们已经有了什么玩具,那么与孩子的父母沟通将会对你挑选礼物大有裨益。最好保留收据,方便退换货。